大夏

大夏书系·教育艺术

王振刚

著

朝向学生的创意综合实践活动

华东师范大学出版社

ECNUP

全国百佳图书出版单位

图书在版编目（CIP）数据

朝向学生的创意综合实践活动／王振刚著．—上海：华东师范大学出版社，2020

ISBN 978－7－5760－0197－6

Ⅰ.①朝…　Ⅱ.①王…　Ⅲ.①活动课程—教学研究—中小学　Ⅳ.① G632.3

中国版本图书馆 CIP 数据核字（2020）第 041655 号

大夏书系·教育艺术

朝向学生的创意综合实践活动

著　　者	王振刚	
责任编辑	卢风保	
责任校对	殷艳红　杨　坤	
封面设计	奇文云海·设计顾问	

出版发行　华东师范大学出版社
社　　址　上海市中山北路 3663 号　　邮编　200062
网　　址　www.ecnupress.com.cn
电　　话　021－60821666　行政传真　021－62572105
客服电话　021－62865537
邮购电话　021－62869887　地址　上海市中山北路 3663 号华东师范大学校内先锋路口
网　　店　http：//hdsdcbs.tmall.com

印 刷 者　北京密兴印刷有限公司
开　　本　700×1000　16 开
插　　页　1
印　　张　16
字　　数　238 千字
版　　次　2020 年 8 月第一版
印　　次　2024 年 10 月第七次
印　　数　14 101–15 100
书　　号　ISBN 978－7－5760－0197－6
定　　价　49.80 元

出版人　王　焰

（如发现本版图书有印订质量问题，请寄回本社市场部调换或电话 021-62865537 联系）

目　录
CONTENTS

第一辑　融入美丽校园

我是一名小学生

一、活动背景

金秋九月，对于学生来说是一段美好的时光。对于一年级的学生来说，那更是童年中最美好的记忆。因为从这一刻起，他们成为了一名光荣的小学生。

对于一年级新生来说，开学前要做哪些准备工作呢？这需要家长帮助学生一项一项地准备好。这个过程中的积极参与，让家长和学生清清楚楚地了解到学校的一日生活规范。学生参与开学前的各项准备工作，有利于他们从内心感受到作为一名小学生的责任与光荣。

开学伊始，就要让学生感受到班级生活的新奇与有趣，要让班级成为学生向往的地方，更要让班级成为学生幸福成长的栖息地。

二、活动目标

1. 认知目标：了解学校里的一日生活规范，了解作息时间，知道开学前要准备的学习用品和生活用品。

2. 能力目标：锻炼学生自己的事情自己做，挑战十项内容，培养学生的自理能力。

3. 情感目标：激发学生产生对学校、对班级的无限热爱，内心中升腾起做最好的自己的美好愿望。

三、活动过程

第一阶段　准备阶段

（一）确定主题

1.同学们，你们好，欢迎你们走进美丽的校园。从今天开始，你们就成为了一名光荣的小学生。

2.你能不能向老师和同学介绍你的名字，让我们都来认识你？

（二）赠送礼物

1.老师要送给大家印有苹果图案的卡片，卡片上还带有一根细绳，可以把它戴在脖子上。你看，教室的门口也贴着一张大大的苹果图案。这样，课间休息后，你就可以很方便地找到我们的班级了。

2.快把小卡片戴在脖子上吧。

（三）参观校园

1.现在按照同学们的高矮，给大家排排队。

2.跟着老师一起走，我们参观美丽的校园。

3.同学们，大家要注意，这是学校的卫生间。

4.这是学校大门。现在老师带领大家，走回教室，一路上，要记一记行走的路线，之后上学大家就可以从校门独自走到教室了。

5.我们回到了教室，现在给大家排一排在教室里的座位。

第二阶段　实施阶段

（一）召开亲子家长会

1.作息时间。学生在校的一日生活作息时间，是家长非常关心的内容。入学之前，要向家长讲清楚。如果学生早上起来不太舒服，可在家里休息一会儿，感觉可以了再到校上课。这种情况下，家长就可以在 8:40 左右将学生送到教室。

你知道作息时间吗？

7:40，同学们可以进校啦！

8:00，快乐做早操。

8:35，专心听广播。

8:45—12:00，认真上好课。

12:00—12:30，文明用餐。

12:30—13:00，安静午睡。

13:00—13:20，课前准备。

13:20—14:50，认真上课。

14:50，放学了！

温馨小贴士：

同学们，20:00 开始洗漱，21:00 准时睡觉。

这样明天才有充沛的精神哦！

2. 准备学习用品和生活用品。为了培养学生良好的学习习惯和生活习惯，准备必要的物品是在开学前一定要做的。但是，很多家长不太了解学生学习和在校生活的要求，所以班主任有必要将要准备的物品列出清单，并且指出准备这些物品的必要性，以及需要家长给予学生帮助的地方。

你准备好学习用品和生活用品了吗？

1. 学习用品。

铅笔：一般用 HB 铅笔，如果手还不会用力，可以用软一些的 2B 铅笔。每天削好三五支，放进铅笔盒里。（每天晚上，请家长帮助孩子削好铅笔。注意：不要把转笔刀或小刀之类的用具带到学校。）

橡皮：最好是高级绘图橡皮，比较好用，擦得比较干净。

尺子：准备 15 厘米的直尺即可，一边可以用来画直线，另一边可以用来画曲线。

笔袋：长 20 厘米，建议买有拉链的、色彩不鲜艳的布制笔袋——掉在地上，不会发出响亮的声音。

包皮：请家长帮助学生完成。所有的书和本都要用白色的纸包好，工整地写上书名或本名，以及班级和姓名。最外面再套上一个白色塑料书皮。这样会更耐用。

书包：准备一个合适的双肩背书包，不要带拉杆，在书包显眼的地方写上孩子的班级、姓名。

温馨小贴士：建议与孩子共同准备学习用品，让孩子体验作为一名小学生的快乐，同时也让孩子知道自己的事情要自己做。

2. 生活用品。

姓名贴：在所有的物品上贴上姓名贴，包括铅笔、橡皮、尺子、铅笔盒、书包、水壶、校服等。

水壶：开学处于秋季，准备一个保温水壶，如果孩子不爱喝白开水，家长可以在水中放上冰糖、柠檬等。（注意：请不要带玻璃水瓶。）

纸巾：小包装的干纸巾可以随身携带，还可以带一小包湿纸巾放在书包里。

饭兜：准备一个饭兜，里面放好饭盒、汤碗、餐具、餐布。餐布的尺寸是 40 厘米 ×60 厘米，汤碗宜选双柄汤碗。

雨衣：准备一身小雨衣，雨天的时候，让孩子穿雨衣进校，避免雨天打伞会碰伤他人或自己。

温馨小贴士：准备一个小小垃圾袋，每日垃圾可以放在垃圾袋里，中午或下午放学再扔进纸篓里。垃圾袋每周要更换哦！

3. 养成好习惯。教育是什么？教育就是培养习惯。习惯的养成，对于学生来说，一生都受用无穷。作为班主任，要将本学期的习惯培养内容告知家长，这样有助于家校要求具有一致性，形成教育的合力。

三个学习袋：准备三个学习袋，分别写上语文、数学、英语。与语文有关的作业、默写条，就放在语文的袋子里。与数学有关的，就放在数学的袋子里。与英语有关的，就放在英语的袋子里。发下来的作业、默写条按顺序用小架子夹好。

记好作业：每天，老师将作业写在黑板上以后，会留给学生记作业的时间，要认真把作业内容抄在记作业本上。

爱护课本：要养成爱护课本的好习惯，不在书页上随意涂画，如果发现书页有折角现象，准备一个小夹子把书角夹一夹，使其保持平整。

温馨小贴士：准备小苹果、小笑脸、小星星的贴纸，分别贴在语文、数学、英语的作业本上。课堂上，老师会让学生拿出带有相应贴纸的本子，这样学生找起来更快捷。

亲子家长会，让家长了解学生入学前需要做哪些准备，让学生尽快熟悉小学生活。在家校密切协作下，让学生更好地学习，更好地生活。要做最好的自己的，不仅仅是学生，还有老师，以及家长。

（二）创建班级微信群

班级微信群，是家校沟通的有效工具，可让全体家长收到班主任的通知。当然，班主任也可以一对一与家长进行沟通。班主任不仅要建设班级微信群，还要制定微信群规则，这样，才会有助于班级和谐发展，促进家校密切联系。

微信群规则

1. 班级群是公共交流平台，全体群成员要主动修改好备注，发言要特别注意场合，注意文明用语，创建充满正能量的、和谐的班级微信群。

2. 不在群里发牢骚，不得在群内有拉票、发广告、求点赞等与班级管理无关的行为。

3. 网络空间不是法外之地，不随意转发未经证实的消息，不转发不健康信息。杜绝"无营养"回复、"盖楼"谢师、排队发红包刷存在感。

4. 如果教师与家长存在观点、理念分歧，不在班级群里发生针锋相对的讨论、争论。家长有疑问，私信互动解决问题、达成共识。

5. 希望我们共同遵守微信群规则，家长的信任与支持就是对老师管理好班级最好的鼓励。

进群小贴士：第一步，打开微信。第二步，点击右上角的"＋"—"添加朋友"—"面对面建群"。第三步，输入"6789"将成功进群。

进群小贴士，帮助家长进入到班级群中。每周向家长分享与教育有关的文章，分享对学生有帮助的巧记歌、小练习。

第三阶段　展示阶段

（一）自己的事情自己做

1. 同学们，你现在已经是一年级的小学生了。要学习着自己的事情自己做。这一段时间里，自己的事情，你做得怎么样了呢？

2. 展示成果。

（1）我会写我的名字。

（2）我会自己系鞋带。

（3）我会自己洗手。

（4）我会大声地发言。

（5）我会保持桌面干净。

（6）我会好好排队。

（7）我会自己收拾书包。

（8）我记住了同学的名字。

（9）我会主动地改错题。

（10）我会每天阅读绘本。

（二）留下难忘的倩影

1. 同学们，让我们排好队，一起去校门口，站在校门前，拍下你入学的照片。它会成为你童年中最美丽的记忆。

2. 班主任寄语。

我希望，

未来的六年里的每一天，你都能充实快乐；

我希望，

每当你遇到困难的时候，可以让我来帮助你；

我希望，

你能专心地做好每一件事，永远做最好的自己。

四、教后反思

俗话说：父母是最好的老师，陪伴是最好的教育。学生入学之际，班主任可开展"我是一名小学生"的主题实践活动，包含对学生的入学教育、开学前的准备、排路队、排座位、"自己的事情自己做"展示活动等内容。站在校门前，班主任给学生拍照，这种仪式感一定会让学生记忆深刻，获得精神上的满足与成长。

与家长密切配合、家校共育是教育永恒的主题。在开学之际，召开亲子家长会，让家长和学生共同了解学校的一日生活作息时间表，这有利于家长和学生适应未来的学习生活。要给家长讲解需要准备的学习和生活用品，让家长了解其中的用意，尤其是其中包含了哪些教育的内容。作为一年级学生，要养成哪些好习惯，这也是需要给家长细致讲解的。因为每一个好习惯的培养都需要家校密切合作。微信群作为家校沟通的桥梁，快捷便利，要想让它健康发展，就必须有"群规"。

好的开始是成功的一半。一年级的开学之初，对于学生六年的小学生活来说太重要了，所以，开展好"我是一名小学生"的主题实践活动，意义重大。

绘制创意课程表

一、活动背景

每到开学初，班主任总是要带着学生抄新学期的课程表。对于学生来说，抄课程表是新学期学习生活的第一件事情，是极为重要的。如果学生能够开动脑筋，发挥自己的聪明才智，设计一张富有新意的课程表，这便是学生激情学习的开始。每天，学生打开铅笔盒，都会阅读到充满创意的课程表。

二、活动目标

1. 认知目标：鼓励学生发挥自己的聪明才智设计一张富有创意的课程表，了解新学期所开设的各门课程。

2. 能力目标：运用美术课上学习到的绘画本领，美化自己的创意课程表，让画笔下的课程表多姿多彩，并愿意和同学分享。

3. 情感目标：鼓励学生积极绘制创意课程表，激发学生内心中学习的激情，使其满怀激情开启新学期的学习生活。

三、活动过程

第一阶段　准备阶段

（一）确定主题

1. 同学们，今天是返校日。下周一是新学期开学的第一天。我们一起来绘制一张创新课程表，好不好？

2. 设计一张特别的课程表，带上一份新奇、带上一份激情迎接新的学期。

（二）准备材料

1. 要想绘制好创意课程表，就要准备好工具。你想想看，需要准备什么呢？

2. 小结：画笔、铅笔、卡纸、尺子。

（三）布置任务

大家回去以后，可以大胆思考：如何让你的课程表充满创意？期待着阅读你绘制的创意课程表。

第二阶段　实施阶段

（一）出示范例

1. 同学们，我曾经教过一个学生，很开朗，很喜欢创新。有一次，她向我展示了自己设计的课程表。我心想：课程表有什么好看的？可是，我看过之后，真是出乎意料，处处展现了她的创意。你想不想看呢？

2. 我来给大家展示一下。（见下页）

3. 请你认真地阅读，并思考：这张课程表，哪里富有创意？

4. 学生分享。

（1）在一张彩色纸上绘制课程表。

（2）在课程表上画一画云朵、大树……

（3）"数学课"用"1、2、3"表示。

（4）"音乐课"用"音符"表示。

（5）"英语课"用"A、B、C"表示。

（6）"体育课"用"人站在跑道上"表示。

（7）"科学课"用"放大镜"表示。

5. 小结：同学们，在阅读中，要有所发现；在发现中，要有所思考。能够睁大眼睛，发现他人作品中的闪光点，这是一种品质。创新，也是一

种品质。希望同学们能与创新交上朋友。

（二）畅谈想法

1. 假如请你设计一张课程表，你会怎么设计？以 4 人为一个小组，请同学们在小组内交流你的有创意的想法。

2. 集体交流。

3. 绘制的步骤：整体构想—铅笔打稿—彩笔勾勒。

（三）绘制课程表

1. 下面请同学们拿出你的纸卡，依据新学期的课程表，开始设计你的创意课程表。

2. 出示课程表。

序　号	1	2	3	4		5	6	7
星期一	数学	语文	科学	英语		品社	美术	写字
星期二	数学	音乐	体育	语文	午休			
星期三	语文	体育	计算机	英语		发探	天世	研习
星期四	语文	数学	音乐	科学		体育	劳技	阅读
星期五	语文	数学	英语	班会		美术	品社	兴趣

3. 给予学生充分的时间绘制创意课程表。

第三阶段　展示阶段

（一）展示课程表

1. 请已经设计完毕的同学，展示你的创意课程表。

2. 肖羽婧同学展示。

3. 请你来点评，哪些地方让你感受到了同学的创意？

4. 小结：是啊！肖羽婧同学在课程表上绘制了太阳、风车，色彩漂亮，画面丰富，彰显了童趣；绘制课程表的同时，还复习了英文单词；最有创意的是，数学课用"$\pi=3.1415\cdots$"表示；科学课用一片树叶表示；体育课用一个足球表示；计算机课用一台电脑表示；美术课用一个调色盘表示……

5. 请你把自己绘制的课程表展示给小组的同学吧！听听同学给你提出的建议。

（二）用好课程表

1. 同学们，请你想一想：什么时候，你要看一看课程表呢？

2. 学生发言。

（1）每天晚上，要看一看课表，准备好第二天的课本、学具。

（2）每天白天，课前要看一看课表，把下节课的课本摆放好。

（3）老师说倒课的时候，可以用铅笔在课表上标一标，准备好学具。

3. 小结：课程表，是你的好帮手，帮助你准备好学具、课本。课程表，为你的有效学习提供了必不可少的帮助。

（三）收藏课程表

每学期开学之际，同学们都要设计一张创意课程表。学期末的时候，把你的创意课程表收好，小学毕业之际，你就会收藏到 12 张有创意的课程表。它们会成为你童年中最美好的回忆。

四、教后反思

学生喜欢有创意的学习活动，新学期伊始，绘制一张充满创意的课程表，必将给学生的学习带来刺激与新奇。在这项活动中，学生积极参与，乐于思考，想要绘制出最有创意的课程表来。

李睿晗同学设计的课表充满了童趣，一个个可爱的娃娃流露出她内心中的愉悦和对新学期的美好向往。她在《我的创意课表》一文中，这样写道：

科学课上，卡通娃娃聚精会神地盯着望远镜，望着浩瀚的星空。音乐课上，卡通娃娃望着五线谱正引吭高歌呢！体育课上，卡通娃娃脸上淌着汗水，看着脚下的跑道，一定要跑出一个冠军来。计算机课上，卡通娃娃专心致志地操作电脑，在网络世界中探索新知识。美术课上，卡通娃娃拿着笔，对面画板上虽然是白雪皑皑、雪山冰峰，但窗外也许正山清水秀、鸟语花香吧！我做的课程表，是不是很有创意啊？

　　绘制创意课程表这项实践活动，不仅培育了学生的求异思维，还体现了学科间的融合，让学生在绘制中学会审美，学会创造，在一笔一画中，激起学生对学习的无限热爱。

为小组设计徽标

一、活动背景

在班级生活中，教师要善于通过班训、班徽、班规形成统一的班级意志，这是班级文化建设的一部分。班训、班徽、班规会在班级建设中起到举足轻重的作用。在班级管理中，可以以"组"为单位，实行小组管理。引领小组成员为小组设计徽标，不仅可以激发学生的思考，展现学生的创造才华，还可以唤起学生向上的激情。

在学生的成长中，需要一股精神力量的支撑。每当学生遇到困难或挫折的时候，这股精神的力量会让学生获得心灵的慰藉，勇敢地战胜眼前的困难。这股精神的力量可以化作一幅幅学生独立创作的组徽，让鲜明的形象、美好的情感扎根于学生的心田。

二、活动目标

1. 认知目标：通过活动促使学生思考自己所在的小组需要怎样的精神，鼓励学生学会用线条、图案表达思想。

2. 能力目标：通过活动给学生提供一个展示自我的舞台，有助于挖掘学生的创造力。活动的过程还可以增进学生间的了解和信任，增强小组的凝聚力。

3. 情感目标：学生参与设计组徽的活动，有助于形成热爱小组、热爱班级的良好氛围。组徽作为小组特色的标志有助于学生对小组产生认同感和自豪感，思考设计的过程可以促使学生小组产生归属感和集体荣誉感。

三、活动过程

第一阶段　准备阶段

（一）推选组长

1. 新的学期开始了，同学们重新自主结合，形成了五个小组。既然形成了小组，那么就要推选一位小组长。你有什么方法吗？

2. 分享学生的想法：自主申报，自我介绍，填写选票。

3. 五位小组长上台，与大家见面。每人用一两句话来表达自己的感受。

（二）确定主题

1. 作为一个小组，要有组名，还要有徽标，以此激励各成员积极向上、不断奋进。每当小组成员遇到困难时，想想组名，看看徽标，便能给自己带来战胜困难的力量。因此，定组名、设计徽标是多么有意义的事啊！

2. 小组成员在组长的带领下，积极思考，认真绘制。到时候请小组全体成员向大家展示小组组名和徽标。

（三）时间安排

时　　间	工作安排
3 天	确定小组组名
3 天	设计初稿，讨论小组徽标设计方案
3 天	做好展示准备

第二阶段　实施阶段

（一）讨论组名

1. 召集组长会议，提出起组名的具体要求。

（1）组名短小精悍，二至六字。

（2）组名好读好记，朗朗上口。

（3）组名寓意丰富，催人奋进。

2.在小组长的带领下，各小组讨论组名。

序　号	姓　名	组　名	理　由

3.学生提议：全班各个小组以一种植物的名称命名组名，这样多有意义！经过全班同学的讨论，采纳这位同学的意见。

4.汇总讨论结果：松柏组、向日葵组、狗尾草组、翠竹组、百合组。

（二）讨论徽标

1.召集组长会议，提出绘制徽标的具体要求。

（1）徽标简洁大方，色彩鲜艳。

（2）可以手绘，也可电脑设计。

2.在小组长的带领下，各小组绘制徽标。

3.小组内展示交流。

4.小组内推选组徽。

（三）筹备展示

1.展示要求。

（1）出示组徽，介绍徽标的意义。

（2）全员参与，表达流畅，自然。

2.展示时间：一周后的班会课上。

第三阶段 展示阶段

1. 同学们，经过一段时间的思考，每个小组拥有了属于自己的组名与徽标。今天的班会课上，我们请各小组进行精彩展示。

2. 松柏组的展示。

成员 1：我们的组名是松柏。松柏象征高大、坚贞。松枝傲骨峥嵘，柏树庄重肃穆，历严冬而不衰。

成员 2：松柏不娇贵，越是严寒，越是风欺雪压，越精神，越秀气。

成员 3：吹拂它的不是清风，而是凛冽的寒风；滋润它的不是清凉的露水，而是寒气逼人的冰雪；照射它的不是灿烂的阳光，而是严寒里的一缕残阳。

成员 4：它有着一副傲骨，但从不骄傲自大，夸奖自己。它虽然从不与百树争春，但经常被古今诗人所赞美。

成员 5：李白有诗句："为草当作兰，为木当作松。兰秋香风远，松寒不改容。"

成员 6：十大元帅之一陈毅也曾赞美松柏："大雪压青松，青松挺且直。要知松高洁，待到雪化时。"

成员 7：松柏的那种高洁、坚强、谦虚，不正是我们应该拥有的品格吗？它们不论严寒酷暑，不论刮风下雨，不论天寒地冻，都在自己的"岗位"上，默默地奉献。

成员 8：我们要像松柏学习，学习它高洁、坚强、谦虚的品格；学习它那种不畏严寒、坚强不屈的精神，做一个像松柏那样的人。

3. 向日葵组的展示。

成员 1：我们组的组名是向日葵。

成员 2：向日葵向着太阳，它坚强、勇敢、忠诚、阳光。

成员 3：它代表着积极向上，也代表着光明。

成员 4：虽然向日葵没有玫瑰的高贵、菊花的芬芳……

成员 5：但是它却有无私奉献的精神。

成员 6：我们小组的成员，要以向日葵为榜样，学习它的精神。

成员 7：我们的组名是——

全体成员：向日葵。

4.狗尾草组的展示。

齐声说：我们组的名字是狗尾草。

成员 1：狗尾草，它从来不向风雨屈服。

成员 2：它挺立在烈日之下，默默无闻，用绿色装扮我们的家园。

成员 3：它，好像有无限的生命力。

成员 4：它，更像马上要展开翅膀的"雄鹰"。

成员 5：我们愿把狗尾草作为我们的组名。

全体成员：我们，更愿做班级中的一部分，奋发向上。

5.翠竹组的展示。

翠竹组的同学们走上讲台后，齐声诵读郑板桥所写的《竹石》。

竹 石

咬定青山不放松，立根原在破岩中。

千磨万击还坚劲，任尔东西南北风。

6.百合组的展示。

全体成员：百合象征高贵、洁白无瑕、友爱，我们要自尊自爱、团结一致，做一个精神高贵的人，做一个有爱的人。

7.小组评比。评比每周一小结。排名第一的小组，每位成员将获得 1 积分。积分累计在一起，可以兑换哪些班级奖励呢？请看"欢乐积分计划"。

欢乐积分数	兑换班级奖励
4 积分	申请一日中队长——培养学生的责任感
5 积分	申请利用午休时间在扫云廊阅读——享受因个人努力而获得更多自由的权利

欢乐积分数	兑换班级奖励
6 积分	申请在班级宣传栏内进行个人展示——体验因个人努力而获得的荣耀
7 积分	申请免写语文学科作业一次——享受因个人努力而获得的特殊权利
8 积分	申请集体为自己过一次生日——体验荣耀感
9 积分	申请喝下午茶——享受因个人努力而获得的特殊权利和荣耀感
10 积分	满足一个班级愿望——体验荣耀感
扣 30 分以内	下一学年，可以申报小队长——享受因个人努力而获得的荣誉感
扣 20 分以内	下一学年，可以申报中队委——享受因个人努力而获得的荣誉感
扣 10 分以内	下一学年，可以申报大队委——享受因个人努力而获得的荣誉感

8. 教师小结：同学们，这节课，我们各组进行了组名、徽标的展示，还公布了小组评比细则。现在，我们将各组制作的徽标粘贴在黑板一侧的评比栏内。徽标，是小组的象征，希望小组成员能在各项评比中为小组争得荣誉，获得更多的积分。

四、教后反思

为小组起组名，制作组徽，学生表现出了极大的积极性。他们乐于参与，发挥自己的聪明才智，在活动中展示自我。通过开展分享活动，学生得到了多方面的锻炼，增长了知识，锻炼了才干。

在班级小组评比展示栏里，以往是用序号来标记小组，而各小组产生了徽标后，用徽标取代了序号。下课了，我常常看到小组成员在评比栏前驻足，看他们的徽标，看他们的小组成绩。徽标成为了小组的象征，成为了学生的精神慰藉。设计组徽，是班级文化建设的一部分，更是做好班级精神文化建设的密码之一。

校训入心共认同

一、活动背景

我所在的学校，是天津市南开区中营小学。这所学校于 1905 年（清光绪三十一年）开始筹建，1906 年 3 月 5 日建成，是天津最早的官办小学。最初校名为"天津官立模范两等小学堂"，后经十余次易名，至今沿用的是 1956 年命名的"中营小学"。第一任校长刘宝慈先生任期长达 36 年。校舍占地面积约 30 亩，总建筑面积约 15000 平方米。

学校的校训是"勤朴敏健"，从 1906 年建校沿用至今，已有 110 多年了。作为一名中营人，要真真切切地理解校训之内涵，尤其是从字理的角度理解其义，这一定会给学生留下刻骨铭心的记忆。只有知其义，才能见于行。

因此，我们把"阅读百年之校训"作为了综合实践课程的内容。它来源于校情，更来源于学生的学校生活。

二、活动目标

1. 认知目标：通过主题活动，学生了解了校训的由来、校训的意义、校训由谁题写的。了解与校训有关的格言。

2. 能力目标：走进图书馆，翻阅图书；在校园里徜徉，阅读楼宇前的文字介绍牌；网上查找资料，形成获取信息、整理信息和处理信息的能力。

3. 情感目标：培养学生热爱学校的美好情感，激发学生作为一名中营人的自豪，增强学生的自信心，提高学生的学习激情。

三、活动过程

第一阶段　准备阶段

（一）确定主题

1. 每天，我们走进中营小学，在这里学习，在这里生活。你知道我们的校训是什么吗？

2. 请同学郑重地将它写到黑板上。

3. 你对校训有哪些了解呢？未来几周，我们一起对话四字校训"勤朴敏健"。

（二）自主学习

1. 出示预习单。

"阅读百年之校训"预习单		
校训的内容		
校训的提出者		
校训的题写者		
校训的含义	勤：	
	朴：	
	敏：	
	健：	
由校训命名的楼宇名		
用照相机拍摄下校训		

"阅读百年之校训"预习单	
与校训有关的 名言、诗句、谚语	勤：
	朴：
	敏：
	健：

2.组织学生分享自主探索途径。

3.布置自主学习的时间为一周。

第二阶段　实施阶段

（一）分享自主学习成果

1.校训的内容：勤朴敏健。

2.校训的提出者：第一任校长刘宝慈。

3.校训的题写者：校友著名书法家龚望。

4.校训的含义：

学生从学校印制的校训书签中阅读到：

勤：勤勉勤谨，乐于奉献。

朴：朴实朴质，敢于担当。

敏：敏学敏思，勇于探索。

健：健体健心，善于交往。

5.由校训命名的楼宇名：勤勉楼、朴真楼、敏学楼、健身馆。

学生走到楼宇前，阅读竹简，他们阅读到了这样的文字：

敏学楼为2006年竣工的新教学楼。"敏"取自校训"勤朴敏健"。

敏而好学，不耻下问。大胆质疑，敢于创造。

（二）师生探索校训由来——勤

1.读图。

师：看看这幅图，能说说你看到了什么吗？

生：我觉得它像"勤"字，一个小人在田里劳作。

生：我觉得它更像一个"敏"字，右边像一个反文旁。

师：看了图，还联想了字，这很好。我们先把图读懂，再联想，这样的想会更有依据。你看这幅图左边像什么？右边是什么？

生：左边像一位农民伯伯在田地里，右边是一个耙子。

师：你多有礼貌，把那个人称呼为"农民伯伯"。

2.读字。

师：看着这幅图，你想到了哪个字？

生：勤。

师：你们看看图，再来读读字，想一想，勤是什么意思？

生：勤就是一个农民伯伯用力地在田地里干活。

师：东汉许慎所撰的《说文解字》中有解释，谁来读一读？

生：《说文解字》解释说："勤，劳也。"

师：你读懂"勤"字了吗？勤就是什么呀？

生：勤就是勤劳。

生：勤就是劳动。

师：你们读懂了"勤"字。勤，就是"劳"的意思，难怪它们两个总是形影不离。

3.积累。

师：由勤组成的词语还真不少。请你根据词语的意思，把词语补充完整。

在劳动中，不怕辛苦——勤（　　）。

在学习中，不懈地努力——勤（　　）。

在生活中，勤劳而节俭——勤（　　）。

（学生思考后，一一回答——勤劳、勤奋、勤俭。）

师：由勤组成的四字词语有哪些呢？预习的时候，你搜集到了哪些？

生：我找到的有勤学多思、勤勤恳恳、克勤克俭。

生：还有勤工俭学、勤学苦练。

师：是啊，有许多大学生勤工俭学，一边打工，一边上学，很让人感动。

生：我还找到了业精于勤、勤能补拙。

师：学习，最重要的是要学会积累，词语要积累，句子也要积累，谁拥有了语言，谁就拥有了智慧。

（三）师生探索校训由来——朴

1.读字。

师：你看，这个"朴"字，右边是篆文的形体。

师：你看它的篆文，由哪几部分组成？

师：（用教鞭指篆文的左半部分）你看这是什么？

生：（齐声）树木。

师：（用教鞭指篆文的右上角）你看这部分，是个什么字？

生：（齐声）业。

师：（用教鞭指篆文的右下角）你看这部分，像什么？

生：（齐声）羊。

师：（继续用教鞭指篆文的右下角）你看这部分，粗粗的树干，这还有枝杈，它是什么的象形呢？

生：树。

师：你看，树下的这两部分是什么呢？（指了指"树"象形下的那两个部分，而后又让学生看了看手。）

生：这部分指手。

师："业"表示房柱，带有枝杈的大树能做房柱吗？（用教鞭指"树"的象形。）

生：不能。

师：那"双手"与"大树"的象形合在一起表示什么呢？

生：指双手去掉大树的枝杈。

师：这样的木头可以用来做房柱。仅仅是用双手去掉了砍倒的大树的枝杈，这是怎样的树木？

生：没有经过加工的树木。

2. 积累。

师：你能用"朴"字组哪些词语？

生：朴实。

生：朴素大方。

生：纯朴。

生：艰苦朴素。

生：质朴。

师：这就是"朴"的引申义。

3. 运用。

为"朴素"选择合适的意思。

"朴素"的意思：（1）（颜色、式样等）不浓艳，不华丽；（2）（生活）

节约，不奢侈；（3）朴实，不浮夸，不虚假。

她穿得朴素大方。（　　　）

朴素的语言，却蕴藏着深刻的道理。（　　　）

生活中，我们要发扬艰苦朴素的光荣传统。（　　　）

（学生读完题目后，一一作答。）

师：同一个词语在不同的语言环境中，它的意思是不同的，读书的时候，要联系具体的语言环境，才会真正地读懂词语的意思。

（四）师生探索校训由来——敏

1.读"母"。

师：在汉字中，哪个笔画最小？古人最初将字刻在甲骨上，用利器触于龟甲上，用力地钻一下便产生了点。古人就从这一个点开始，创造了许多文字。汉字具有点之美，点用得最好的莫过于"母"字。

师：（用教鞭指"母"字两点以外的部分）把"母"字的两点去掉，你看到的像哪个楷体字？

生：女。

师：在"女"字的基础上，再添上两点，表示成为了母亲，就要用自己的身体负起哺育后代的责任。看到了"母"字，让我们有一种圣洁之感，崇敬母爱之情油然而生。为了感谢母亲对我们的培养，把你今天所学到的知识讲给你的母亲听，她一定会为你的进步而感到无比高兴的。

2.读"每"。

师：再看"每"字，"母"字上面是什么？

生：横人头。

师：它跟什么有关？

生：人。

师：说得没错。但这里的横人头不是指人，那指什么呢？你猜一猜！

生：眼睛。

生：头发。

师：你看，横人头在母亲的头上，那会是什么呢？

生：母亲头上会戴有饰物。

师：对了，横人头表示羽毛饰品。古人觉得："母亲"戴上了饰物，便为"美"。"每"字是"美"字的异体字，它们同音同义，就是写法不同。后来经过演变，它的字义才发生了变化。

3. 读"敏"。

师：在"每"字的旁边添上一个反文旁，它表示什么意思呢？小组同学一起研究。

（四人为一小组，伙伴之间分享自己的想法。）

师：你回忆一下，反文旁表示什么呢？

生：用手碰人的头，他会很快地转头。

生：用手碰母亲头上的饰物。

师：母亲头上的饰物被碰时会很快就有了反应，由此产生什么意思？

生：敏捷。

生：反应快。

4. 运用。

师：敏捷，说得多好，你说，我们要在哪些地方做到敏捷？

生：思维要敏捷。

生：身体要敏捷。

生：行动要敏捷。

（五）师生探索校训由来——健

1. 读"聿"。

师：要想理解"健"字的意思，首先要读懂"建"字。它是由哪两部分组成的？

生：它是由建字底和"天津"的"津"字的右半部分组成的。

师：你真是一个机敏的孩子。不知道"聿"字的读音，但他能想办法，利用熟字来表达自己想要说的内容。真是机敏呀！敏，在这里是聪慧的意思。（边说边用教鞭指黑板上的"敏"字）

师：一起读（用教鞭指"聿"字），聿（yù）。

生：（齐读）聿。

师：要读懂建字底，首先要先读懂"左耳旁"。左耳旁与建字底的第一笔很相似，但第二笔不同，这就决定着它们的意义不同。左耳旁表示什么呢？

生：山林。

师：为什么左耳旁表示山林呢？

生：让左耳旁平倒过来，它很像山。

师：（用教鞭指建字底中捺的上面）你看，现在这里还有山林吗？

（学生摇头。）

师：山被移走了，山边出现了什么？

生：平地。

2. 读"聿"。

师：再看"聿"字，你看它的甲骨文的形体是这样的——

师：你看，这个甲骨文的形体左边像什么？

生：毛笔。

师：右边像什么？

生：手。

师："聿"是什么意思？

生：一个人手里拿着笔。

师：手拿笔干什么？

生：写字。

师：还能干什么？

生：画画。

师：还能干什么？

生：设计图纸。

3.读"建"。

师：有了地方（用教鞭指建字旁），有了设计（用教鞭指"聿"），你知道接下来要干什么了吗？

生：建筑。

师：工程完了，你会看到什么？

生：建筑物。

4.读"健"。

师：在"建"的左边再添上一个单人旁，它表示什么意思呢？

生：人要像建筑物一样高大，坚固。

师："健"的意思就是——

生：健康，强壮。

第三阶段　展示阶段

前一阶段，大家搜集了有关校训的格言、诗句、谚语。现在，请把你们的研究成果给大家展示出来好吗？

勤	成语	天道酬勤。
	格言	业精于勤，荒于嬉；行成于思，毁于随。（韩愈）
	诗句	黑发不知勤学早，白发方悔读书迟。
	谚语	勤劳是个宝，一生离不了。

朴	成语	朴实无华。
	格言	虚伪的真诚，比魔鬼更可怕。（泰戈尔）
	诗句	清水出芙蓉，天然去雕饰。
	谚语	说话要诚实，办事要公道。

敏	成语	敏而好学。
	格言	君子欲讷于言而敏于行。（孔子）
	诗句	买羊沽酒谢不敏，偶逢明月曜桃李。
	谚语	手越用越巧，脑越用越灵。

健	成语	健步如飞。
	格言	运动是一切生命的源泉。（达·芬奇）
	诗句	天行健，君子以自强不息。
	谚语	不怕年老，就怕躺倒。

谁来谈一谈你对"勤朴敏健"的理解？能够引用名言、诗句，那么所谈的内容就更有说服力了。

学生1：我喜欢颜真卿所说的一句话——黑发不知勤学早，白首方悔读书迟。这句话的意思是，在少年时代，不知道好好学习，头发白的时候再后悔，也晚了。我理解的"勤"就是"勤奋"的意思。

学生2：虽然我没有搜集到格言，但我想说说我的理解，那就是做人要纯朴，穿着要朴素。

学生3：我觉得朴素是天下最美的，因为"朴素而天下莫能与之争美"。

学生4：子曰："君子食无求饱，居无求安，敏于事而慎于言，就有道而正焉，可谓好学也已。""敏于事而慎于言"的意思就是，做事情要勤劳敏捷，而说话要谨慎小心。

四、教后反思

漫步在古色古香的校园中，学生沉浸在浓郁的历史文化氛围中。阅读百年之校训，激起了学生对校训的再探究，再思考，再对话。这样的实践内容，促进了学生知行合一，更加激发了学生对百年学校的无限热爱。

第一，让静态的校园文化动起来。

教学楼的墙壁上悬挂着校友龚望先生的手书校训：勤朴敏健。学生翻阅书籍，查找资料，阅读校训书签，对话楼宇门前的竹简牌，读懂了这四字校训之含义。而后又引导学生将校训之含义落实到自身的行动之中，真正地做到知行合一。

第二，让静态的四字校训活起来。

校训"勤朴敏健"承载着学校对学生的道德要求，它还承载着祖国悠久的历史文化。引领学生追溯"勤朴敏健"之由来，了解这四字的造字原理，在亲历探究的过程中，学生获取了新知，其含义也走进了学生的心灵深处。在学生的心灵深处，也会升腾起一种美好的情感——对祖国灿烂文化的热爱。在学生幼小的心灵中，植入热爱学校、热爱祖国的种子，这种情感的注入，如同春雨，润物无声。

综合实践课程，既要给予学生充分的自主，也要给予他们充分的学习时间、学习空间，巧妙地发挥好教师的主导作用，在师生和生生的合作、对话、探究中，让他们经历知识的发生过程，受到情感上的震撼，从而为他们的成长奠定坚实的基础。

和紫藤萝同成长

一、活动背景

紫藤萝是著名的中国原产观花藤木，栽培历史悠久，远自唐代已有栽培的记载。紫藤萝还与我们的校园结下了不解的情缘。

在中营校园的连廊两侧有两个天井，约1958年种植了两棵紫藤萝树，至今已有60余年的树龄了。在2005年连廊维修时，树冠不慎受到伤害，以为不能成活，人们很惋惜，转年竟复活，可谓生命力极其旺盛。它历经半个多世纪的风风雨雨，伴随着百年中营走过了卓尔不凡的征程。2006年百年校庆时，命名紫藤萝为校花，同时"紫藤萝花开，芬芳娇艳"被写进校歌。

每当下课的时候，同学们总会聚集在紫藤萝下，一起聊天，一起游戏。紫藤萝陪伴了学生六年的成长。每当赛歌的时候，同学们总会激昂地唱起我们的校歌——《紫藤花开》。"紫藤萝花开，芬芳娇艳，我们的学校满园灿烂……"那熟悉的旋律常常在耳畔回响。

紫藤萝有很强的气候适应能力，较耐寒，在中国大部分地区均能露地越冬。我们不妨以"紫藤萝系列活动"丰富学生的课余生活，也让紫藤萝的精神植入学生的心田。

二、活动目标

1. 认知目标：了解紫藤萝是中营的校花及它的沧桑史，为紫藤萝设计一张名片，加深对它的了解。

2. 能力目标：实地观察紫藤萝花，在师生、生生的对话中，分享自己的感悟。在参与评选"紫藤萝之星"活动中，学会全面地看待问题。

3. 情感目标：让紫藤萝融进学生的生活中，镌刻在学生的心中。紫藤萝是百年中营的校花，要让紫藤萝的精神在一代又一代中营人的身上得以传承与发扬。

三、活动过程

第一阶段　准备阶段

（一）了解紫藤萝

1. 上周给大家布置了一项特殊作业，为紫藤萝制作一张名片。我们一起来分享吧。

2. 展示学生的创作。

紫藤萝，别名藤萝、朱藤、黄环。属豆科、紫藤属，一种落叶攀援缠绕性大藤本植物。干皮深灰色，不裂；春季开花，青紫色蝶形花冠，花紫色或深紫色，十分美丽。紫藤萝为暖带及温带植物，对生长环境的适应性强。产河北以南黄河长江流域及陕西、广西、贵州、云南。民间紫色花朵或水焯凉拌，或者裹面油炸，制作"紫萝饼""紫萝糕"等风味面食。

3. 请一位同学朗读给大家听。你对紫藤萝还有哪些了解呢？

4. 是啊！紫藤萝不仅走进了我们的校歌，它还是我们的校花。

（二）走近紫藤萝

1. 同学们，想不想去庭院里，看一看我们的校花呢？

2. 排队走近紫藤萝。

（三）探访紫藤萝

1. 说说你眼前的紫藤萝。

冬日大雪过后，寒气逼人，利用午休时间带领学生去探访我们的校花。

学生们不顾寒冷，满怀欣喜地排队前进。我们静悄悄地走过古朴的扫云廊，穿过底蕴深厚的校史陈列馆，来到了栽有紫藤萝校花的天井。"它都枯了。""不对，没有，你看它的枝干盘根错节地缠绕在一起，它要是枯死了，肯定就不在这了，早就被清理了。"……抬头望去，不见紫藤萝的枝叶，只有干枯的密密的枝桠，有的则被白雪覆盖了。学生七嘴八舌地议论着。

2. 了解紫藤萝的沧桑史。

我肃然地向学生讲述紫藤萝背后的故事："这两株紫藤萝种于1958年，已经有60多岁了，就像一位饱经沧桑的老爷爷。在学校维修时，碰到了树冠，正当大家感到惋惜时，它又活过来了。""哇，太顽强了。""开花一定很漂亮！"大家尽情揣测，我们约定等紫藤萝开花时再来。

3. 期待与紫藤萝再次相约。

从此，学生越来越关注它的变化——叶子变绿了，长出了新的枝桠，有了花骨朵……大家盼望的时刻终于到了。

第二阶段　实施阶段

（一）探访校花紫藤萝，精神溯源

春天来临，我们再一次聚于紫藤萝架下，这次与上次可截然不同："好漂亮啊！""这与冬天时的模样可真不一样啊""老师，我想到了宗璞的《紫藤萝瀑布》，一串挨着一串，一朵挨着一朵。好不热闹啊！"听完学生的赞叹，我会心地笑了。

紫藤萝已经根植于学生的心中了，他们关注植物的生长，他们铭记与紫藤萝有关的文字，渐渐地，他们将紫藤萝的精神内化于心，坚毅、向上、绽放光彩。

抬头望去，那一串串的紫藤花在阳光的照耀下，开得更加绚烂。

（二）处处可见紫藤萝，文化陶冶

1. 为班级来命名。

教室是教师与学生生活时间最长的地方，可以隐藏自己的小秘密，可以发泄自己的小情绪，在学校之中，自己的教室就是一个温馨的小家。那为我们的教室起一个幸福的名字吧！

2. 大家集思广益。

学生们各抒己见，"紫藤萝之家""紫藤萝幸福小屋"等一系列温馨的名字脱口而出。设计精美的"紫藤花开"印章，让每一个角落都留下文化的足迹，让每一寸土地都散发着紫藤萝的芬芳。图书角、卫生角、黑板报、奖状中都纷纷出现了紫藤萝的印记。窗台上不知何时悄悄多了两盆小花。温馨小屋就这样被学生们装点得漂亮，散发着浓浓的师生情、同学情、亲情。

这种环境文化对学生的熏陶作用是不可估量的。

（三）寻找"紫藤萝之星"，精神内化

1. 寻找"紫藤萝之星"。

文化的传承绝不单单止于植物的传说，校歌的吟唱，真正的文化要融入到学生心中。文化作为一种生命力的存在，是一种积极的精神，一种向上的内驱力，激励人们不断前进。寻找班级"紫藤萝之星"正是在寻找班级文化的灵魂人物，推动班级文化的发展，紫藤萝精神在他们身上得以传承发扬。寻找"紫藤萝之星"充分调动了学生的积极性，大家踊跃参加，积极举荐，在生活中发现每一个孩子身上的闪光点，就连班内有时不完成作业、纪律性较差的"小王"都被大家认为"心地善良，能够为班集体服务"。盛放体育设施的塑料袋子坏了，转天他悄悄带来了一个布袋子，说："老师，这样就不会坏了。"每一位孩子都是一个善良的天使，他的优点也在熠熠闪光，只不过有时被大家忽略了。每一位孩子都有多个侧面，要努力去发掘孩子身上的优点，及时表扬，多多鼓励。

2. "紫藤萝之星"的故事。

在大家的细心观察中，"紫藤萝之星"诞生了。班内的大队委小瑞荣幸当选。小瑞作为班内大队委不仅学习优秀，班级工作能力强，更重要的是他身上散发的坚强、乐观与紫藤萝精神不谋而合。小瑞先天一只眼睛没有视力，另外一只眼睛高度近视，出生不久父母就离异了，从小跟着姥姥长大。尽管这样，他全面发展，品学兼优，一直没让姥姥操过心，学习独立性很强，每次评比都争做班内最好最棒的。一次他与另外一名女同学相差一分，他很坚定地说："我下次一定会超过你的。"他下课会为一道数学题钻研许久。当他当选新一届大队委时，班内的同学对他竖起了大拇指，给予了肯定。

班内酷爱画画的小君也被评为"紫藤萝之星"。小君爱画画，尤其酷爱漫画，如果不给他主题，他就会凭借自己的想象画游戏人物。班内正在开展"阅读小豆豆"的活动，我借给他一本《窗边的小豆豆》。转天他不仅将书还回来，而且配上了精美的插图。我将图画贴在班级园地中，供大家欣赏。大家对他的画作赞不绝口："没想到画得这么好，以前真是小看他了。"小君的脸上露出了自信的笑容。

3. 传承紫藤萝的精神。

这不正是紫藤萝的精神所在吗？——阳光、坚强、要强。"紫藤萝之星"犹如班内的紫藤萝一样，成为了班级文化的核心人物，成为了班级文化的象征。有了这样的文化核心，班级才会发展得越来越好，紫藤萝精神也会真正在孩子们身上得以传承。紫藤萝真正从一种植物发展到文化，进而成为一种精神存在于班集体之中。

第三阶段　展示阶段

（一）紫藤萝下的心语：情感升华

1. 让心语从笔尖流淌。

探访了紫藤萝的足迹，找到了"紫藤萝之星"，孩子们仿佛有了主心骨，紫藤萝已经留驻在了孩子们的脑海中，刻在了他们的心中。他们用笔写下对紫藤萝要说的话："紫藤萝，以前我从来没有关注过你，现在才发现你是那么的漂亮。""紫藤萝，你以后就成为了我学习的动力，我也要像你一样坚强。"

2. 让作品诞生于画纸。

不仅如此，孩子们还拿起自己的画笔，用色彩用情感勾勒出他们心目中的紫藤萝。有一幅作品是《冬日的校花》，满目是干枯的黄色枝桠，可是，在树枝的尖端却透着一抹绿色，细看才发现那是小小的嫩芽。大家都疑惑不解地望着作者："为什么呢？冬天了，怎么会有绿色呢？""因为紫藤萝的生命是这样旺盛啊！"作者微笑着说。是呀，即使在寒冷的冬天，我们也能感到它温暖的力量，蓬勃的生命。孩子们是多么富有智慧和创造力啊！紫藤萝的形象在学生心中是那样多姿多彩，一种不息的生命在他们心中跳跃着。

"紫藤萝花开，芬芳娇艳，我们的学校满园灿烂……"熟悉的歌谣飘在孩子们嘴边，熟悉的旋律又响起在中营园中，与之前不同的是，声音更加悦耳，因为学生是用心、用情在演唱。

（二）紫藤萝下的故事：生命成长

多么难忘的经历，多么丰富的情感！在全班同学的一致赞同下，我们决定办一期以"紫藤萝下的故事"为主题的班级园地，分为"探访紫藤萝""寻找紫藤萝""心中的紫藤萝"三个板块。

"探访紫藤萝"中贴上了我们一起观赏校花紫藤萝的照片，写下了孩子们的心情，并且还有他们搜集到的有关紫藤萝的文字：宗璞的《紫藤萝瀑布》以及作者的简介。将学校的紫藤萝照片展示在上面，真是一种视觉上的美的享受。

"寻找紫藤萝"，这里是指寻找班级的"紫藤萝之星"，让他们挑选自己的漂亮的生活照片，配上精美的花边，并附上自己的简介及个人事迹。这样一来树立了班级学生学习的榜样，也增加了"紫藤萝之星"的自信。他们就像班内的紫藤萝，给人温暖的力量，激励学生奋进、坚强。

"心中的紫藤萝"，贴有孩子们关于紫藤萝的画作，写有他们想对紫藤萝说的话，为紫藤萝创作的诗歌。孩子们在紫藤萝架下快乐着，在紫藤花的芬芳中幸福着。不知什么时候，紫藤萝已经悄悄走进了每一位孩子的心中，给予他们奋发的力量。

四、教后反思

班级文化的建设依托于校园文化建设，要充分挖掘并利用校园文化建设资源进行延伸并拓展，使班级文化与校园文化紧密契合，从而达到丰盈、深刻，而非孤立的个体。班级文化建设要以丰富多彩的班级活动为载体，以班级精神为核心，以班级成员为主体，使学生在活动中懂得合作，扬长避短，得以实现自己的价值。

在开展"和紫藤萝同成长"的实践活动中，我真切地感受到：小小的植物身上蕴藏着无限的可能性，人们可以给它赋予文化的含义，挖掘其背后的精神内涵。紫藤萝无疑成为了班级文化的重要载体，它承载了孩子们的希望，赋予孩子们前进的力量。紫藤萝在学生心中埋下了"发现观察、坚强不屈、自信前进"的种子，紫藤萝真正融入了学生的生命中，在未来，不管路途多么遥远多么艰难，我相信他们都会一如既往，精神的力量是不可估量的。开展班级文化不正是为了孩子们的健康发展吗？班级文化的开展要寻找到这样一个小而精的切入点，真正实现班级文化与校园文化的有机融合。这样一来，不单单是一个班级、一个年级，整个中营园都会充满向上的力量，无论任何季节都会弥漫着紫藤萝的芬芳，无论何时何地都会飘荡着熟悉的旋律。

创设良好的班级文化对培育学生具有健全人格起着重要的作用。班级文化可彰显班级人文特点，传递班级管理理念，体现班级学生的综合素养。班级作为校园文化的窗口，可以很好地将校园文化展现在孩子们眼前，从而实现文化的共性与个性的和谐统一。

这，就是这次实践活动带给我的感悟。

元旦活动共筹谋

一、活动背景

元旦，即世界多数国家通称的"新年"，是公历新一年的第一天。元，谓"首"；旦，谓"日"；"元旦"意即"首日"。"元旦"一词最早出现于《晋书》，但其含义已经沿用4000多年。

在元旦到来之际，组织学生开展好"庆元旦"活动，让"节日教育"走进班级，走进学生的生活。利用传统节日揭示传统文化的内在价值，弘扬民族精神，对加强学生的传统文化教育具有很重要的意义。

在班级生活中组织"庆元旦"活动，有助于激起学生向上的力量，让学生满怀激情地、充满信心地走进新的一年。

对于小学生来说，他们乐于参与，喜爱表现自我，追求个性。如果能调动起他们的积极性，让他们参与活动设计，征集元旦活动最佳方案，一定能激发出学生的潜能，促进其全面地发展。

二、活动目标

1. 认知目标：了解元旦的来历，从字理的角度，理解"元"与"旦"的造字之智，从而激发学生以崭新的姿态迎接新一年的到来。

2. 能力目标：培养学生的组织能力，发挥学生的聪明才智，设计"庆元旦"活动内容，在快乐、轻松的氛围中迎接新一年的到来。

3. 情感目标：在实践活动中，感受传统文化的无限魅力。发挥学生的自我潜能，激发学生向上的力量，培育学生的创新精神，鼓励学生求异求活。

三、活动过程

第一阶段　准备阶段

（一）确定主题

1. 中国古代曾以腊月、十月等的月首为元旦，汉武帝以农历正月月首为元旦，1912 年中华民国以公历 1 月 1 日为元旦，1949 年中华人民共和国亦以公历 1 月 1 日为元旦。元旦在中国也被称为"阳历年"。

2. 今年的最后一天 12 月 31 日，我们将开展"庆元旦"特别活动。究竟特别在哪？请发挥你的聪明才智，班级特意向你征集"庆元旦"活动方案。

（二）活动准备

1. 送给大家一张活动方案设计单，请大家完成方案设计。

征集"庆元旦"活动方案	
一、活动目的	
二、活动形式	
三、活动内容	

第二阶段　实施阶段

（一）走进元旦

1. 1949 年 9 月 27 日，第一届中国人民政治协商会议在决定建立中华人民共和国的同时，也决定采用世界通用的公元纪年法，即我们所说的阳历。

2. 为区别农历和阳历两个新年，又鉴于农历二十四节气中的"立春"恰在农历新年的前后，因此便把农历一月一日改称为"春节"，阳历 1 月 1 日定为新年的开始——"元旦"，并列入法定假日，成为全国人民的节日。

3. 天文专家表示，"元旦"一词系中国"土产"，在中国农历中已沿用 4000 多年，但现行公历"元旦"为 1949 年所定，至今只有"71 岁"。

（二）解读元旦

1. 由两位同学戴上头饰，扮演"博士"和"可爱熊"。他们分别拿着字卡——"元"和"旦"，走上讲台，和大家分享"元旦"的造字智慧。

博　士：同学们，你们好！即将迎来元旦，你们知道"元旦"二字的来历吗？今天，我来给大家介绍介绍"元"字。

可爱熊：我来给大家介绍介绍"旦"字。

博　士：你看这个"元"字，下面的"儿"是"人"的形体，上面的"二"是"上"字的初文，"人的上面"，那自然就是"头"了。"元"的本义便是"头"，"首"也是"头"的意思。有趣的是，"元"与"首"这两个同义字组合在一起，便成为了"元首"，意思就是"头头"，头是身体最重要的部分，因此，用"头头"来比喻"领导"。如今称代表国家的最高领导人为"元首"。

另外，我们说人说事，都得从"头"说起，所以"元"又有"始"的意思。一年的第一天叫——

可爱熊：元旦。

博　士：一年的第一个月叫——

可爱熊：元月。

博　士：帝王改换年号的第一年叫——

可爱熊：元年。

博　士：你知道的还真不少！

可爱熊：那当然了。我再来介绍介绍"旦"字。

博　士：那要听你说说。

可爱熊："旦"，上面的"日"当然是太阳，下面的一横表示海平线，合在一起便是太阳从海面升起。"元"有"开始"之意，所以"元旦"就是一年中第一次太阳升起的日子，这便是新年第一天。

博　士："元旦"二字的来历太有意思了！我们伟大的祖国，正如冉冉东升的旭日，绚丽奇伟，升得越高，给世界人类的光和热就越大，前程不可估量！

2. 追溯字源，让我们深入地了解了"元"与"旦"的含义。感谢博士和可爱熊的分享。

（三）庆祝元旦

1. 请大家先在小组内分享自己的"庆元旦"活动方案，然后各小组推选一位同学到前面展示。

2. 小组推选的同学进行展示。

3. 全体同学投票决定庆元旦活动方案。

4. 统计选票，得票第一的方案设计确定为庆元旦活动方案。

第三阶段　展示阶段

1. 活动开始。

"奔跑吧，同学——破译藏宝图寻宝活动"正式开始。

2. 活动要求。

A. 按照指定地点寻新年礼物，新年礼物外面的纸袋上盖有班章。新年礼物一经找到，不得更换。

B. 寻得新年礼物后，可以帮助同伴继续寻找。寻得后，送给同组伙伴。

C. 寻新年礼物不能跑，不能喊，不能逗，不能迈进水房，不能触碰楼道墙壁上的画框。

3. 合影留念。

每当哪个小组成员全部找到新年礼物后，集体合影留念。让照片留下难忘的记忆，留下实践活动的快乐。

四、教后反思

在这次实践活动中，充分调动起了学生的积极性和主动性，他们集思广益，设计了一项又一项有意思、有意义的活动内容。他们将平日学习到的、阅读到的知识整合在一起，融入了趣味，这足以见得学生的综合实践能力在提升。

学生投票后，采纳了第三个活动方案。活动前，我们精心地选取活动地点，本想在校园里开展这项有意思的活动，为了避免活动当天有雾霾，我们将地点安排在了教室和楼道。

破译藏宝图，学生可以求救。比如微信联系亲朋，请家长、朋友帮助他们一起猜。学生也可上网自己查询。学生的内心拥有了强烈的求知欲，想尽解决问题的办法。面对藏宝图，当学生破译正确的那一刻，从心底流淌出了无比的快乐。可以说，学生真正获得了一次高峰体验。

新年礼物是我们精心挑选的，都很特别，比如"明信片""修正带""拼图""有意思的门票""水果""积分卡""小手电""枣加核桃""姓名贴"……破译寻宝图，会给学生带来惊喜；找到礼物后，同样会给学生带来惊喜。什么样的活动，才是有意义的活动？能走进学生生命记忆中的活动，才是有效的，有意义的。

感恩母校的培育

一、活动背景

学校，是学生童年成长中最美好的地方。在这里，学生认识了老师，结识了同伴，快乐地相处了六年。这六年里，有欢笑，有成功，有失败，有苦恼……六年的生活在学生的心中留下了难以磨灭的记忆。这些都促使学生获得了精神的成长。

在学生毕业之际，班主任引领学生去回忆难忘的小学生活，用实际行动去感恩母校的培育，让学生深深地懂得：感恩是一种生活态度，感恩更是人生最大的美德。这对于成长中的学生来说，不仅画上了一个个圆满的句号，同时这一个个句号，又悄然变成了省略号，开启了学生美好的初中学习生活之旅。

二、活动目标

1. 认知目标：让学生认识到一个人的成长离不开家长的培育，更离不开老师的教育。

2. 能力目标：用自己的实际行动为母校做一件事情，不仅锻炼自己实践能力，也让母校变得更加干净整洁。

3. 情感目标：引领学生胸怀感恩，感恩是一种生活态度，更是人生中最大的美德。

三、活动过程

第一阶段　准备阶段

（一）幸福回忆

1. 同学们，六年前，大家背上了小书包，蹒跚地走进了百年中营园。你还记得六年前，刚刚上一年级的情形吗？

2. 请看大屏幕，这是我们一年级入学时的合影照，找一找，你在哪呢？

3. 采访一下：看了六年前的你，有什么想说的吗？

（二）确定主题

1. 说一说：你在美丽的中营园，学会了什么呢？

2. 我们在中营园里，在教室里，跟老师一起学习，一起生活，同学之间互敬互助，让我们的生活变得多姿多彩。

3. 在未来的一周里，开启我们的主题实践活动——感恩母校的培育。

第二阶段　实施阶段

（一）真情告白

1. 大屏幕上再一次出现了《童年》的歌词，让我们跟随着节拍，一起唱起来。

2. 六年的时光转眼即逝，但是六年的时光给我们留下了满满的回忆。请拿出你的心语卡，面对老师、同学，表达你的心声。

（二）感恩行动

1. 临近毕业了，你想为母校做些什么，来表达对母校培育的感恩之情呢？

2. 梳理学生的发言。

（1）把教室外的小柜子擦干净。

（2）为校园里的白玉兰浇水。

（3）擦拭扫云廊的宣传栏。

（4）擦拭校园里的小桌子小椅子。

（5）擦拭百年纪念墙。

3.请班级中的小记者拍下一张张感恩的照片，留下这难忘的记忆。

（三）制作毕业纪念册

1.请同学们，四个同学为一个小组，思考：毕业纪念册设置哪些栏目？

2.请同学们进行版面设计。

3.让毕业纪念册成为大家小学生活的美好记忆。

第三阶段　展示阶段

（一）展示毕业纪念册

1.学生展示，集体评议。

2.推选优秀，集体展示。

3.同学们，可以请老师、伙伴在你的毕业纪念册上写下赠言。

（二）徜徉美丽的校园

1.让我们再一次，徜徉美丽的校园，带上快乐、幸福，向未来出发。

2.同学们可以在校园里拍照，和伙伴拍照……

四、教后反思

培育学生的进取精神，绝不局限于小学阶段，进取精神的培育要延伸到学生的初中、高中……直到永远。对于即将毕业的六年级学生来说，班主任的满心期待寄托在了一张照片、一段赠言、一份人生计划中。我特意为学生设计了一份人生计划单。

最想实现的愿望		最难实现的愿望	
最想得到的爱		最向往的生活	
最想挑战的极限		最想达成的目标	
最想种的植物		最想养的动物	
最想去的地方		最想学会的本领	
最想永远保留的好习惯		最想改掉的坏习惯	
最想为朋友做的事		最想为家人做的事	
最遗憾的事		最烦恼的事	
最想读的一本书		最向往的职业	
最想拥有的物品		最喜欢的运动	
最想见的人		……	

人最可贵的就是进取心、上进心，没有这种心态的人就不可能进步，不可能很好地成长。

教育专家曾说过："教育，永远是一门带有缺憾的艺术。"智慧的班主任用科学、有效的班级管理可以减少遗憾，使教育变得更加完美。身为班主任，用智慧守望着班级，守望着学生的成长，是幸福的，也是快乐的。

第二辑　浸染传统文化

我在童谣里长大

一、活动背景

童谣，是为儿童作的短诗，强调格律和韵脚，通常以口头形式流传。许多童谣都是根据古代仪式中的惯用语逐渐加工流传而来，或是以一些历史事件为题材加工而成。童谣主要有两个特点：一是朗朗上口，通俗易懂；二是有趣、好玩，孩子们感兴趣。

在班级生活中，和学生一起阅读童谣，背诵童谣，创作童谣，这对于童年中的学生来说，充满了意义。

童谣不但生动有趣，合乎学生的需求，而且题材包罗万象，能满足学生好奇的心理。学生可以从童谣中获取新的经验和知识。

童谣浅白，学生容易了解其中的意思，领略其中的情趣，欣赏其中的意境，感悟其中的道理，并很快地学会新的语汇，积累丰富的词汇。

二、活动目标

1. 认知目标：阅读生动、有趣的童谣，了解童谣的内容，增长经验和知识，感悟其中的深刻道理。

2. 能力目标：在诵读童谣中，积累丰富的词汇，学习言语表达形式，创作童谣。学会与同伴分享，乐于听取他人的意见。

3. 情感目标：通过活动，学生感受到童年的快乐，同时在快乐中感受优秀传统文化和道德观念，激发自身的民族自豪感和爱国情怀。

三、活动过程

第一阶段　准备阶段

（一）确定主题

同学们，童谣是童年快乐的歌。我们还没有入学，爸爸妈妈就给我们唱过一首首活泼有趣的童谣。可以说，我们在童谣中长大。童谣里，装满了我们童年成长的快乐。未来的日子，我们将开启"我在童谣里长大"综合实践活动。

（二）活动准备

1. 为了开展好"我在童谣里长大"综合实践活动，给大家布置三项任务。

（1）你阅读过哪些童谣书呢？可以带到教室里来。

（2）哪首童谣给你留下了深刻的印象？

（3）你喜欢写童谣吗？能不能试着写一首？

2. 期待着在实践活动中再次与大家相遇，我们一起读童谣，背童谣，写童谣，在童谣中感受乐趣，习得知识，积累词汇，体悟道理。

3. 我发给每人一张学习单，自主完成活动准备。

"我在童谣里长大"自主学习单	
模块一：阅读过的童谣书	
模块二：印象最深的童谣	
模块三：自己创作的童谣	

第二阶段　实施阶段

（一）快乐回忆

1.你们阅读过哪些童谣书呢？可以举起来，给大家展示一下吗？

2.哪首童谣给你留下了深刻的印象？可以给大家背诵一下吗？

3.学生汇报。

（二）快乐诵读

1.同学们，每当寒假、暑假来临的时候，你是不是要和爸爸妈妈一起旅行、看电影、做美食？想到这，你的心中一定会漾起一朵美丽的花。假期里，多么自由！多么快乐！做自己喜欢的事情，做自己想做的事情。让我们一起拥抱美丽的假期吧。

2.诵读主题童谣。

"多彩的假期"主题童谣	
童　谣	轻轻地告诉你
放假了 舒　兰 放假了 小花朵们都跑出来了 有的喜欢爬山 有的喜欢玩水 她们到哪里 哪里就漂亮起来了 放假了 小星星们也都跑出来了 有的在黑森林里捉迷藏 有的去银河游泳 他们到哪里 哪里便热闹起来了	放假了，小花朵、小星星可开心啦！他们可以到处玩耍，做运动，做游戏。每天与快乐相伴，他们到哪里，就给哪里增添了一道靓丽的风景。花孩子们带来了美丽的色彩，星孩子们带来了热闹。 　　同学们，当你放假的时候，喜欢做些什么呢？

"多彩的假期"主题童谣	
童　谣	**轻轻地告诉你**
荡秋千 陈慧可 妈妈，让我荡秋千吧 妈妈，抱我上去吧 我不会跌下来的 妈妈抱我上去了 我轻轻地荡起来 秋千摇动了 像个摇篮 风轻轻地吹过 好像一首摇篮曲 小鸟在头上飞过 好像一个梦 啊！荡秋千多么好玩 妈妈在旁边轻轻地推着 我在空中轻轻地飞着 我多么高兴啊	伴着凉爽的秋风，在妈妈的陪伴下，悠然地荡秋千。看啊，秋千在空中划出了一道美丽的弧线，"我"在空中轻轻地飞着，"我"小小的心也飞了起来。荡秋千，荡出了快乐，荡出了勇敢，荡出了一天的好心情！ 　　读完了《荡秋千》，你的小小的心是不是也飞了起来呢？
吹泡泡 柯　岩 红的花，白的花， 花间两个小娃娃。 小娃娃，干什么？ 比比谁吹的泡泡大！ 别出声，别说话， 憋足气，使劲儿呀！ 呵—— 吹圆了泡泡， 吹鼓了面颊， 吹暖了春天， 吹笑了 满树鲜花……	两个小娃娃在鲜花盛开的春天，快乐地吹起了泡泡，这是一件多么有趣的活动啊！小娃娃的举止多么可爱——别出声，别说话；憋足气，使劲儿；吹鼓了面颊……圆圆的泡泡在花丛间飘来飘去，吹笑了两个小娃娃，还吹笑了周围的花草树木。 　　假期来了，你也拿起塑料吸管，在水里和上洗衣粉，快乐地吹泡泡吧。

（三）快乐模仿

1.快乐背吧。

明天要远足

翻过来
哎——睡不着
那地方的海
真的像老师说的
那么多种颜色吗？

翻过去
哎——睡不着
那地方的云
真的像同学说的
那么洁白柔软吗？

翻过来
翻过去
哎——到底什么时候
才天亮呢？

2.快乐评吧。

作者讲述了自己"翻过来，睡不着"与"翻过去，睡不着"的经历，想象着第二天要去的那地方的海与云。结尾那一句"哎——到底什么时候才天亮呢"，表达出作者心中的急切与期盼。

3.快乐读吧。

方素珍：中国台湾省儿童文学作家。

本诗选自《儿童文学》1992年第12期。

4.快乐练吧。

（1）仿句练习。

那地方的海，真的像老师说的，那么多种颜色吗？

那地方的草地，真的像＿＿＿＿＿说的，那么＿＿＿＿＿吗？

那地方的梅花鹿，真的像＿＿＿＿＿说的，那么＿＿＿＿＿吗？

那地方的＿＿＿＿，真的像＿＿＿＿＿说的，那么＿＿＿＿＿吗？

（2）仿段练习。

假如明天你和班上的同学也要去远足，你兴奋吗？你会向往那里的什么景物呢？开动脑筋，把句子补充完整吧！

> 翻过来
>
> 哎——睡不着
>
> 那地方的＿＿＿＿
>
> 真的像＿＿＿说的
>
> 那么＿＿＿＿吗？
>
> 翻过去
>
> 哎——睡不着
>
> 那地方的＿＿＿
>
> 真的像＿＿＿说的
>
> 那么＿＿＿＿吗？

第三阶段　展示阶段

1. 同学们，在仿段的基础上，如果你完成了小诗的创作，可以读给大家听听吗？在小组内和大家分享。

2. 同学展示。

明天要远足

> 翻过来
>
> 哎——睡不着

那地方的树

真的像爸爸说的

那么绿意葱茏吗？

翻过去

哎——睡不着

那地方的河

真的像妈妈说的

那么清澈见底吗？

翻过来

翻过去

哎——到底什么时候

才可以到那呢？

3. 明天，就放假了。大家在爸爸、妈妈的陪伴下，尽情地去远行。带上一片好心情，带上明亮的眼睛，尽情去观察；带上聪慧的耳朵，尽情去倾听；带上敞开的心灵，尽情去感悟……让灵动的诗句从笔尖慢慢地流淌。

四、教后反思

有人说，没有童谣就没有童年，童谣就是童年的歌。童谣以它的质朴天然、不假雕饰，受到人们尤其是学生的欢迎，在一代代人的口口相传中，童谣成为孩子们最初的快乐体验。

在我们的班级生活中，和学生一起走进童谣的世界，学生的心变得活泼了，自己的心也年轻了许多。在童谣的世界，放飞每一个人的想象。

童谣走进学生的生活，更走进了学生的心。作为班主任，我希望：让童谣永远进驻学生的心田，传承中华民族的美德，学会欣赏美、感受美、表现美……在童谣的世界里度过一个智慧快乐的童年。

古诗词里的节气

一、活动背景

二十四节气是我们华夏祖先的伟大发明创造，秦汉时期就已经确立，公元前 104 年正式纳入历法，历经 2000 多年，沿用至今，仍具有指导意义。

二十四节气彰显了中华传统文化的博大精深，具有长久的生命力。时至今日，我们依然可以从中汲取智慧和精神力量。

引领学生走进我国的二十四节气，涉及二十四节气的含义、形成、传说、谚语、文化内涵等诸多方面，集趣味性、知识性与文化性于一体。走进二十四节气，诵读与二十四节气有关的古诗词，跨越时空，与古人对话。走进二十四节气，犹如畅游浩瀚的中华民族文化长河，不亦乐乎！

"授人以鱼，不如授人以渔"；授人以渔，不如授人以渔场。在实践活动中，为学生提供学习的"场"，鼓励他们去书店、图书馆，能培养学生的自学能力。

二、活动目标

1. 认知目标：借助《二十四节气歌》，让学生初步感知二十四节气，了解二十四节气的名称。

2. 能力目标：通过阅读、体验、调查等学习方式，了解二十四节气的含义，诵读二十四节气古诗词，搜集二十四节气谚语，搜集二十四节气习俗。

3. 情感目标：增强学生对于中华传统文化的兴趣，体会中华传统文化之美。

三、活动过程

第一阶段　准备阶段

（一）确定主题

1.（板书：二十四节气）二十四节气是指中国农历中表示季节变迁的二十四个特定节令，是根据地球在黄道（即地球绕太阳公转的轨道）上的位置变化而制定的，每一个分别对应地球在黄道上每运动15°所到达的一定位置。

2. 二十四节气是中国先秦时期开始订立、汉代完全确立的用来指导农事的补充历法，是通过观察太阳周年运动，认知一年中时令、气候、物候等方面变化规律所形成的知识体系。它把太阳周年运动轨迹划分为24等份，每一等份为一个节气，始于立春，终于大寒，周而复始，既是历代官府颁布的时间准绳，也是指导农业生产的指南针，日常生活中人们预知冷暖雪雨的指南针。

3. 2016 年 11 月 30 日，二十四节气被正式列入联合国教科文组织人类非物质文化遗产代表作名录。在国际气象界，二十四节气被誉为"中国的第五大发明"。

4. 这次主题活动，让我们一起走进"古诗词里的节气"，感受文学中的"二十四节气"。

（二）活动准备

1.活动分组。

全班分为 4 个组：探究二十四节气含义组、阅读二十四节气古诗词组、搜集二十四节气谚语组、搜集二十四节气习俗组。在小组长的带领下，自主开展实践活动。

2.活动指导。

大家可以到书店、图书馆搜集资料，可以翻阅报刊，还可以在互联网上搜索资料。

3.活动预习。

在实践活动中，将学习到的内容填写到下面的表格中，记录下自己的学习、探索过程。

节　气	含　义	古诗词	谚　语	照　片

第二阶段　实施阶段

（一）诵读《二十四节气歌》

1. 节气指二十四时节和气候，是中国古代订立的一种用来指导农事的补充历法，是中国古代劳动人民长期积累的经验和智慧的结晶。

2. 诵读《二十四节气歌》。

二十四节气歌

春雨惊春清谷天，夏满芒夏暑相连。

秋处露秋寒霜降，冬雪雪冬小大寒。

3. 对照节气表，我们再来诵读《二十四节气歌》，并说说节气歌里的"字"代表哪个节气。

季	春			夏			秋			冬		
月	正月	二月	三月	四月	五月	六月	七月	八月	九月	十月	冬月	腊月
节	立春	惊蛰	清明	立夏	芒种	小暑	立秋	白露	寒露	立冬	大雪	小寒
气	雨水	春分	谷雨	小满	夏至	大暑	处暑	秋分	霜降	小雪	冬至	大寒

（二）了解二十四节气的含义

1. 一年四季——春夏秋冬，我们感受季节的来临，除了看见四时的景色不同以外，还可以根据气温的变化来判断。我国传统的四季划分方法，是以二十四节气中的四立（立春、立夏、立秋、立冬）为四季的始点，以二分和二至为中点的。让我们一起来了解四季的始点。

2. 学生汇报。

季 节	节 气	含 义
春	立 春	表示严冬已逝，春季到来，气温回升，万物复苏。
夏	立 夏	标志着夏季的开始，视为气温升高的开端，此时万物生长旺盛，欣欣向荣。
秋	立 秋	预示着秋季即将开始，天气逐渐转凉，不过暑气并未尽散，还有气温较热的"秋老虎"之说。
冬	立 冬	标志着冬季的开始，田间的操作也随之结束，作物在收割后进行贮藏。

（三）诵读二十四节气相关的古诗词

1. 一年四季在诗人的笔下充满了诗情画意，你最喜欢哪个季节？读一读与它有关的古诗词吧。

2. 学生汇报。

季 节	节 气	古诗词
春	立 春	**惠崇春江晓景** 苏 轼 竹外桃花三两枝，春江水暖鸭先知。 蒌蒿满地芦芽短，正是河豚欲上时。
夏	立 夏	**幽居初夏** 陆 游 湖山胜处放翁家，槐柳阴中野径斜。 水满有时观下鹭，草深无处不鸣蛙。 箨龙已过头番笋，木笔犹开第一花。 叹息老来交旧尽，睡来谁共午瓯茶。
秋	立 秋	**早秋客舍** 杜 牧 风吹一片叶，万物已惊秋。 独夜他乡泪，年年为客愁。 别离何处尽，摇落几时休。 不及磻溪叟，身闲长自由。
冬	立 冬	**立 冬** 李 白 冻笔新诗懒写，寒炉美酒时温。 醉看墨花月白，恍疑雪满前村。

（四）分享二十四节气相关的谚语

1. 在民间流传着很多关于二十四节气的谚语，每一句都是异常的生动形象。节气谚语汇集了老百姓的智慧，是最实用的哲学！

2. 学生汇报。

季 节	节 气	谚 语
春	立 春	立春晴，雨水匀。 立春晴一日，耕田不费力。 立春之日雨淋淋，阴阴湿湿到清明。

季 节	节 气	谚 语
夏	立 夏	立夏不下雨，犁耙高挂起。 立夏雨少，立冬雪好。 立夏落雨，谷米如雨。
秋	立 秋	早晨立秋凉飕飕，晚上立秋热死牛。 一场秋雨一场寒，十场秋雨换上棉。 立秋前，三四天，白菜下种莫迟延。
冬	立 冬	立冬一日，水冷三分。 立冬无见霜，春来冻死秧。 立冬东北风，冬季好天空。

（五）分享二十四节气相关的习俗

1. 每一个地方，会根据二十四节气的不同而有着很多不一样的习俗。二十四节气能反映季节的变化，指导农事活动，影响着千家万户的衣食住行。特别是老一辈的人，更是注重二十四节气的习俗。那么，关于二十四节气的习俗都有哪些？请同学和大家分享吧。

2. 学生汇报。

季 节	节 气	习 俗
春	立 春	糊春牛风俗活动是在立春前开始进行的，按传统的做法，由县政府（县衙）聘请纸扎能手好匠，于立春前到县城聚会，精心制作春牛图像。一般用竹篾绑成牛的骨架，用春木做腿，再糊上纸，涂上颜料，一个牛的形象就制作成功了。春牛糊好后，举行开光点睛仪式，即设立香案，顶礼朝拜。
夏	立 夏	我国北方多种植小麦，立夏正是小麦上场时节，因此北方大部分地区立夏时有制作与食用面食的习俗，意在庆祝小麦丰收。立夏的面食主要有夏饼、面饼和春卷三种。
秋	立 秋	城里人在立秋当日买个西瓜回家，全家围着啃，称作啃秋。而农人的啃秋则豪放得多。他们在瓜棚里，在树荫下，三五成群，席地而坐，抱着红瓢西瓜啃，抱着绿瓢香瓜啃，抱着白生生的山芋啃，抱着金黄黄的玉米棒子啃。啃秋抒发的，实际上是一种丰收的喜悦。

季 节	节 气	习 俗
冬	立 冬	立冬则有吃水饺的风俗。立冬时，包饺子，还要蘸醋加烂蒜吃，才算别有一番滋味。立冬为什么吃饺子？因我国以农立国，很重视二十四节气。节者，草木新的生长点也。秋收冬藏，这一天，改善一下生活，就选择了好吃不过饺子。

（六）二十四节气现在的意义

1. 讨论：已经过去了 2000 多年，二十四节气是不是对现在的我们就没有用了呢？

2. 小结：答案是否定的，在现在它依然在我们的农业生产、日常生活中发挥着作用。

第三阶段　展示阶段

（一）四季藏在歌谣里

同学们分享歌谣《乡村四季图》。

乡村四季图

春，
花香鸟语飘满村。
细听来，
句句是乡音。

夏，
村前村后一幅画。
午饭后，
纳凉大树下。

秋，

有朋来自五大洲。

东海岸,

相约看海鸥。

冬,

佳节已在喜庆中。

大街上,

传来爆竹声。

（二）四季藏在照片里

师生展示一张张美丽的四季照片。

春　　　　　　　　　　　　夏

秋　　　　　　　　　　　　冬

（三）四季藏在书签里

寒来暑往,冬去春回。四季的景色,总是那么的令人神往、让人陶醉! 美丽的四季,被印刻在了小小的书签中,藏于书里,藏于我们的心里。

班主任奖励学生印有四季美景、诗词的书签。

四、教后反思

2016 年 11 月 30 日，中国的"二十四节气"被列入联合国教科文组织人类非物质文化遗产代表作名录。这是每一位中国人值得骄傲与自豪的。作为班主任，把二十四节气引入课堂，和学生一起探究，这是在拓宽学习内容，开发班级实践课程，让教室成为一个开放的学习场。

第一，二十四节气中藏有智慧。

二十四节气在中国古人心目中尤其重要。中国自古以农治国，如果将古中国比作一个巨大的农场，那么二十四节气就是这个农场所有活动的调度中心。先民们从物候的变化中觉察出关于天文和气象的规律，然后机智地从中发掘出实用性规则来指导四季稼穑。

第二，二十四节气中藏有文化。

二十四节气是我国劳动人民独创的文化遗产。在二十四节气背后，蕴含着中华民族传统习俗和深厚的文化积淀，有关二十四节气的古诗词，无不鲜明地带有中华民族的传统特色，成为我国农耕文化重要的组成部分。

引领学生走进二十四节气，了解其含义，诵读与节气有关的诗词，搜集与节气有关的谚语，了解与节气有关的习俗……感受中华民族集体的智慧，激起学生心中的无限自豪，激发学生对伟大祖国的无限热爱。

姓氏的文化之旅

一、活动背景

姓氏的来源蕴含着祖先的繁衍生存，姓氏的迁移述说着祖先的辗转奋斗。它见证了中华民族的成长，它见证了华夏民族的壮大。

我国是世界上最早使用姓氏的国家，大约在 5000 年前的伏羲时期，"姓"被定为世袭，且由父亲传递。姓氏中，包含着许多生趣。"东、南、西、北"不只是方位、"柴、米、油、盐、酱、醋、茶"不只是生活用品，它们都是中华姓氏中的一员。

作为班主任，引领学生走进姓氏，了解自己姓氏的由来、现状，这样的实践内容一定会受到学生的喜欢，因为它与学生的生活紧密相连。学生在感受姓氏文化的同时，一定会激起他们的家族自豪感，以家族的榜样为人生楷模，树立远大理想，并为实现自己的理想而不断努力奋斗。

二、活动目标

1. 认知目标：姓氏是代表每个人及其家族的一种符号。走进自己的姓氏，了解姓氏的由来及现状，感受中华姓氏文化。

2. 能力目标：通过阅读书籍、上网搜索、亲自询问等途径，自主探究，了解姓氏的形成、发展、演变的过程。

3. 情感目标：走进姓氏，开阔视野，增长见识，提高自身素养，增进热爱中华民族的美好情感。

三、活动过程

第一阶段　准备阶段

（一）确定主题

1. 从姓氏的形成、发展、演变的漫长历史过程来看，它是构成中华民族文化的一个重要内容。姓氏是怎样产生、发展的？这是一门很有趣的学科，涉及社会学、历史学、语言学、文字学、地理学、民俗学、人口学、地名学等。走进姓氏，你不仅会触摸到姓氏文化，还会感受到其中的无限乐趣。

2. 让我们一起开启"姓氏的文化之旅"。

（二）自主讨论

1. 如何开展好"姓氏的文化之旅"呢？请大家集思广益。

2. 梳理学生的活动创意：

（1）阅读《百家姓》。

（2）了解我国姓的来历。

（3）了解自己姓氏的由来与现状。

（4）分享姓名的故事。

（三）方法指导

1. 要想对这些内容有详细的了解，你可以从哪些途径去学习呢？

2. 学生自由发言：可以从书籍中获取；可以从报刊中获得；可以在互联网上搜索；可以询问他人……

（四）分组探究

相同姓氏的同学分为一组，利用课余时间探究姓氏的来源、现状。活动结束后，分小组撰写调查报告，分享交流。

第二阶段　实施阶段

（一）阅读《百家姓》

1.一个星期以来，大家一直在阅读《百家姓》，你有什么发现呢？

2.学生分享：

（1）《百家姓》，是一篇关于中文姓氏的文章。

（2）按文献记载，成文于北宋初。

（3）《百家姓》采用四言体例，对姓氏进行了排列，而且句句押韵。

（4）原收集姓氏411个，后增补到568个，其中单姓444个，复姓124个。

（5）虽然它的内容没有文理，但对于中国姓氏文化的传承、中国文字的认识等方面都起了巨大作用，这也是它能够流传千百年的一个重要因素。

3.你能把姓氏读正确吗？

姓　氏	读　音	姓　氏	读　音	姓　氏	读　音
薄		卜		都	
单		盛		华	
解		那		宁	
区		朴		仇	
相		乐		查	
曾		宿		应	

4.你会介绍你的姓氏吗？

比如：双人徐、双口吕、双木林、口天吴、立早章。

你要如何介绍你的姓氏？

5.复姓知多少？说说你了解到的复姓，比一比谁写得多。

比如司马、上官、诸葛、欧阳、夏侯、司徒、司空、东方、皇甫、尉迟。

（二）了解我国姓氏的来历

1. 虽说一个姓只是一个汉字，实际上它远远超出了一个字所包含的内容，那是一种深厚的文化，与中华几千年文明一起积淀下来的姓氏文化。因此对我们来说，从文字的角度探究姓氏源头和其演变发展是很有意义的。

2. 基于上网搜索、阅读书籍，说说我国姓的主要来历。

3. 学生汇报后，进行梳理。

序　号	姓的来历	举　例
1	在母系氏族社会以母亲的姓为姓	姑、姬、姜
2	以国名为姓	齐、鲁、晋
3	以出生地、居住地为姓	东郭、南郭、西郭、北郭
4	以官职为姓	司徒、司马、司空、司士、司寇
5	以数字为姓	陆、伍、万
6	以崇拜的兽名为姓	牛、马、熊
7	以植物名称为姓	杨、柳、梅
8	以神话中的传说为姓	龙
……	……	……

4. 由于我国的姓氏来源不一，对姓氏的研究也就成了专门的学问。早在宋代时，著名学者郑樵编撰《通志·氏族略》，就根据各种姓氏的来源，将它们分作32类，其实姓氏的来源远不止32类，这一事实也说明我们姓氏文化的内容是十分丰富的。

（三）了解自己姓氏的由来与现状

1. 了解自己姓氏的历史和现状，这是一件让人非常感兴趣的活动。一是与自己有关；二是充满了好奇。你愿意向同学展示你的学习成果吗？

2. 学生分享。

比如关于"王"姓的调查：

信息渠道	所涉方面	具体内容
书籍、报刊	王姓来源	王姓源于周朝的王族，有些人由于失势或亡国分离出来，以王为姓。
网　络	王姓名人	王昭君、王勃、王维、王昌龄、王羲之、王安石、王冕、王震……
网　络	王姓人口	2014年，根据国家统计局官方数据显示，中国大陆王姓人口达到9468万人。
网　络	王姓族谱	在山西晋祠子乔殿，保存着一本128卷长的王氏族谱。

（四）分享姓名的故事

1. 每个人都有自己的姓名，每天也都在想着或称呼着别人的姓名；同样，自己的姓名也在被别人想着或叫着。中国有句俗话——"行不更名，坐不改姓"，可见姓名是我们每个人的标志。而方块汉字神奇的变化和象形表意性给姓名提供了宽广的演绎空间，历时几千年就形成了中国特有的一种与文字有关的姓名文化。

2. 你能和大家分享有关名人姓名的故事吗？

3. 学生分享。

李白名字趣话

李白的名字，得来有趣，其诞生充满了诗情画意呢！

李白七岁时，父亲要给儿子起个正式的名字。无论是眼下读书，将来任职，有个好名字是必要的。李白的父母酷爱读书，他们要培养儿子做个高雅脱俗的人，有高层次的思考，做有益于人民的事。

父亲平时喜欢教孩子看书写诗，现在孩子七岁了，他在酝酿起名之时，同母亲商量好了，先带孩子在庭院散散步，考考他作诗的能力。他看着春日院落中树木葱翠、繁花似锦，开口吟诗道："春国送暖百花开，迎春绽金它先来。"母亲接着道："火烧叶林红霞落。"

李白知道了父母吟了诗句的前三句，故意留下最后一句，希望自己接续下去。他走到正在盛开的李树花前，稍稍想了一下说："李花怒放一树白。"

这七岁稚童的精彩诗句一出口，父母惊呆了。他们决定把妙句的头尾"李""白"二字用作孩子的名字！

4.同学们，你能不能讲讲你的姓名的由来呢？学生分享：

我的名字叫陈近思，是爸爸起的。《论语》中子夏日："博学而笃志，切问而近思，仁在其中矣。"意思是说，如果能博学、笃志、切问、近思，就能达到一个很高的思想境界。

我叫王月萱，"王"是我的姓，"月"是月亮的"月"，"萱"是"萱草"的"萱"。我的名字是姥爷给起的。在我小的时候，姥爷曾经给我讲过名字的寓意，就是希望我像月亮一样明净、清澈，像萱草一样无忧无虑地快乐成长。在这里，我要谢谢我的姥爷给我起了这么好听又有意义的名字。

……

第三阶段　展示阶段

在"姓氏的文化之旅"综合实践活动中，同学们积极参与，乐于探究，认真完成了"姓氏的调查报告"。请同学们来展示一下。

关于张姓的历史和现状的研究报告
天津南开区中营小学五年级五班　张子腾

1.问题的提出

张姓是世界三大姓氏之一，而且我们班也有好几位同学姓张，我也姓张。听老师说，姓氏是一门文化，很值得研究。于是，我们几个姓张的同学对张姓的历史和现状做了一次调查。

2.调查方法

（1）查阅有关中华姓氏的书籍，阅读报刊，上网浏览，了解张姓的来源和张姓的历史名人。

（2）走访有关部门，了解张姓人口和分布情况。

（3）通过各种途径，搜集并阅读张姓的名人故事。

3. 调查情况和资料整理

信息渠道	所涉方面	具体内容
上网、书籍	张姓的来源	传说，张姓起源于远古时代的挥，他是弓箭的发明者。
上网、书籍	历史上的张姓名人	张衡、张仪、张大千、张旭、张若虚、张九龄……
上网	张姓人口数量	据统计，目前张姓人口总数已超过9450万人。
报刊、书籍	张氏族谱	目前全国各个省市都有张氏族谱。

4. 结论

（1）张姓，相传源自黄帝之孙——挥。挥发明了弓箭，被黄帝任命为弓正（官名），也叫弓长，两个字合在一起，就是"张"字了。这是"张"姓的最早由来。春秋时期，晋国贵族"解张"的后代用他的名作为姓，从此也姓张。这是"张"姓的另一个起源。

（2）在历史家族中张姓家族中有许多人才，比如战国时期的外交家、谋略家张仪，东汉科学家张衡，唐代著名书法家张旭及诗人张若虚、张九龄，近代著名画家张大千……我们为张姓祖先创造的辉煌感到自豪。

（3）张姓在中国当代人口数排名第三，据统计，张姓人口总数超过9450万。

四、教后反思

姓氏是家族血缘的标志，更是文化传承的基因，它承载了特殊的人文内涵，在传播过程中，往往呈现出丰富生动的文化面貌。姓氏不仅是代表一个人及其家族的一种符号，更是构成中华民族文化的重要内容。作为班主任，要引领学生走进姓氏，学习、感知、探究、总结，让姓氏文化融入到学生的生活中，使其受到熏陶与感染。

第一，学生带着激情参与活动。

学生的激情，源自活动的内容与学生有着密切的联系。每个人都拥有姓氏，了解自己的姓氏来源，学生充满了浓浓的兴趣，在阅读中收获了知识，并了解了同姓氏的历史名人，激起了心中无限的向上力量，找到了追寻的榜样。

第二，学生尝试撰写调查报告。

亲历了"姓氏的文化之旅"综合实践活动，学生尝试撰写调查报告。这有利于培育学生的综合实践能力。这样的活动，发挥了学生的主观能动性，提升了学生自主求知的能力。这必将有效地促进学生自学能力的形成。

另外，走进并了解姓氏文化，能增强学生的民族自尊心、自豪感、认同感。

走近邮票明信片

一、活动背景

邮票的方寸空间，常体现一个国家或地区的历史、科技、经济、文化、风土人情、自然风貌等特色，这让邮票除了邮政价值之外还有收藏价值。明信片是一种不用信封就可以直接投寄的卡片。

通过学习邮票明信片的知识，学习如何鉴赏邮票明信片，引领学生体会邮票明信片的艺术美，陶冶美的情操；从学生实际学习的需求出发，拓展学习内容，鼓励学生动手动脑，亲自实践；引导学生积极去发现问题，为学生提供自主学习的空间。围绕"认识邮票明信片、交流邮票明信片、设计邮票明信片"等主题活动，激发学生自主学习探究的积极性，使不同的学生得到发展，提高综合能力。

二、活动目标

1. 认知目标：通过上网等形式收集有关邮票明信片的资料，了解有关邮票明信片的知识。

2. 能力目标：在活动中，进一步懂得做个有心人，用自己的劳动和智慧去发现、去创造的道理。在交流展示的过程中，培养学生收集、处理信息的能力，同学之间合作学习的能力，充分体验到在实践中学习的乐趣。

3. 情感目标：学生的身心得到发展，经过观察、动口、动手、动脑之后，自我价值感得以提升。

三、活动过程

第一阶段　准备阶段

（一）走近邮票明信片

1.同学们，你平时有什么爱好呢？

2.请你看看这两张图片，是什么呢？

3.有没有同学喜欢集邮？喜欢集邮的同学，能讲讲你都收集到了哪些邮票明信片吗？你在集邮过程中，有哪些有趣的故事呢？

4.你能把你收集到的邮票明信片给大家展示展示吗？

（二）聊聊邮票明信片

1.同学们，在未来的一段时间里，我们将走近邮票明信片，开启我们的邮票明信片快乐之旅。

2.希望同学们能够从书里、网上搜集有关邮票明信片的知识。

3.老师发给每人一张自学表。

走近邮票明信片	
邮票的用途	

走近邮票明信片	
邮票的组成	
世界上最早的邮票	
中国最早的邮票	
明信片诞生的由来	
明信片的分类	

第二阶段　实施阶段

（一）了解邮票明信片

1. 各小组成员进行学习交流。

2. 各小组选派一名同学进行汇报。在听取同学汇报时，可以随时补充你的学习单。

走近邮票明信片	
邮票的用途	邮票可以用于寄信、欣赏、收藏、记录重大的事件、文化交流等。
邮票的组成	图案、面值、发行时间、发行地区、齿孔。
世界上最早的邮票	世界上最早的邮票是英国罗兰·希尔爵士发明的黑便士。
中国最早的邮票	中国最早的邮票是清朝的大龙邮票。

走近邮票明信片	
明信片诞生的由来	1865年10月的一天，有位德国画家在硬卡纸上画了一幅极为精美的画，准备寄给他的朋友作为结婚纪念品。但是他到邮局邮寄时，邮局出售的信封没有一个能将画片装下。画家正为难时，一位邮局职员建议画家将收件人地址、姓名等一起写在画片背面寄出。果然，这没有信封的画片如同信函一样寄到了朋友手里。这样，世界上第一张自制"明信片"就悄然诞生了。从这一点来说，明信片是艺术家和邮政职员共同发明的。 这件事被邮务总长司蒂芬知道了，他认为这种通信方法简便，建议政府印制一种不用信封的硬纸信纸，但是当时的德国政府没有采纳司蒂芬的建议，原因是不会受到人们的欢迎。 1869年，奥地利一位博士发表文章建议，应该开发明信片，并将其列为印刷品邮件，以降低邮费价格。奥地利邮政部采纳了他的建议。同年10月1日，明信片在维也纳邮局正式发行。因此，奥地利成为世界上最早发行明信片的国家。
明信片的分类	纪念明信片、特种明信片、贺年明信片、旅游风光明信片……

3. 你别看邮票个个身材小小的，其实它是一个阅历丰富的长者呢，是一本"小型百科全书"。每当旅游的时候，老师常常会寄一张明信片，给自己留个纪念。

4. 你也来分享分享你和邮票明信片的故事吧。

（二）绘制邮票明信片

1. 课余时间，老师设计了几张明信片，明信片上还设计了邮票，请你来欣赏欣赏。（图略）

2. 这些明信片是以什么为主题的？在设计中，有哪些值得你参考的？

3. 现在请你也来当设计师，充分发挥自己的想象力和创造力，设计一枚有意义的邮票，或者是一张主题明信片，你可以用笔将它画出来，设计完了说说设计的想法，也可以运用文字来描述。

第三阶段　展示阶段

（一）分享创作——邮票

1. 阅读了《窗边的小豆豆》后，大家以"小豆豆"为主题设计了许多有意思的邮票。

金雪洋设计　　　　　　　　樊高设计　　　　　　　　于洁设计

2. 邮票虽小，知识无限，希望同学们课下多收藏一些邮票，丰富自己的课余生活。

（二）分享创作——明信片

1. 向小组成员展示你设计的作品。

2. 向全班同学展示你设计的作品。

何嘉欢以"天津的美食、风景"为内容设计了一张明信片，让天津走向全国，让更多的人对天津充满向往。

陈近思以"保护珍稀动物"为主题设计了一张明信片，让大家增强保护动物的意识，让我们和动物和谐相处。

四、教后反思

走近邮票明信片，如同走进了一部百科全书。集邮是一项高尚的文化娱乐活动。"集邮"一词源于希腊文"爱好"和"凭证"，1865 年为法国人海尔宾所创造，即爱好邮票之意。

从一枚枚方寸邮票上，人们可以看到：雄伟壮观的秦始皇陵兵马俑，白雪皑皑的富士山；古老而神秘的冰雪大陆南极洲，罕见的天象"九星联珠"；造型奇特的悉尼歌剧院，高擎火炬的自由女神；实现人类幻想的阿波罗登月，遨游太空的航天飞机……每一枚方寸邮票，都包含着丰富的内容。绚丽多彩的邮票世界，展示了广阔的知识领域。正如著名教育学家叶圣陶先生说的那样："集邮宁唯资闲遣，其意其趣良非浅，展册万象罗眼前，宛如卧游博物馆。"集邮不仅可以增长知识，开阔视野，还可以陶冶情操，丰富人们的精神生活。

集邮可以使集邮者，尤其是学生学到课堂上学不到的知识。带领学生一起走近邮票明信片，希望同学们能够多一项爱好，多一条学习的途径。

字典是无声之师

一、活动背景

《现代汉语词典》是一部久享盛誉的规范型词典，引领学生走进《现代汉语词典》，阅读一个个词条，定会开阔学生的语言眼界；引领学生寻找、发现《现代汉语词典》中有意思的条目，可激起学生阅读的兴趣，促进学生养成热爱翻阅《现代汉语词典》的好习惯。

以《现代汉语词典》为基点，向外扩展，让学生了解《成语词典》《辞海》《唐诗鉴赏辞典》，能丰富学生的阅读内容，也为学生解决疑惑指明了学习途径。活动中，要鼓励学生将词典中喜欢的词语积累在本子上。

二、活动目标

1. 认知目标：理解"打"字在不同的语言环境中有不同的意思，追溯"载"字的由来，感受"吃"字组成词语后的意思充满了趣味。

2. 能力目标：在学习的过程中，培养学生思考、判断、推理的能力。

3. 情感目标：激起学生阅读《现代汉语词典》的热情，养成遇到不认识、不理解的字词时能够主动查词典的习惯。

三、活动过程

第一阶段　准备阶段

（一）猜"镇宅之宝"

1. 今天，我给大家带来了一件镇宅之宝，猜猜是什么呢?

2. 是的，这是一本《现代汉语词典》。

（二）猜"词典页码"

1. 这是《现代汉语词典》第五版，现在已经出版了第七版。你有《现代汉语词典》吗？谁也不能翻开，你知道《现代汉语词典》有多少页吗？

2. 这本有着1800多页的词典，谁翻阅过？说说你阅读后的感受。

（三）确定活动主题

我坚信，大家跟我一起翻阅这本《现代汉语词典》之后，一定会留下刻骨铭心的记忆。

第二阶段　实施阶段

（一）翻阅词典，理解一字多义

1. 哪位同学收到了汉字国王的来信呢？给大家读一读吧。

同学们：

你们好！我是汉字国王。你们一定喜欢做游戏吧！那好，和你们的老师一起玩"做动作，猜词语"的游戏吧。请你们的老师做动作，请你们来猜词语。词语中要有"打"字。

汉字国王

2. 我们一起来"做动作，猜词语"的游戏吧。

教师所做的动作有：打苍蝇、打电话、打扑克、打伞、打车。

3. 每当学生猜对了由"打"字组成的词语后，随机提问：这个词语中"打"字是什么意思？

"打苍蝇"中的"打"字：用手或器具撞击物体。

"打电话"中的"打"字：发出。

"打扑克"中的"打"字：做某种游戏。

"打伞"中的"打"字：举，提。

"打车"中的"打"字：乘坐。

4. 如果你的家长哪一天放学不能接你，需要你打车回家，你一定要让老师帮助你，老师不是帮你结账，而是用手机拍下车头和车尾。司机看到老师的这一举动，一定会放弃头脑中的邪念。生活中，要处处学会保护自己。

5. 你猜猜看，"打"字一共有多少种解释？不能翻阅词典哦。

6. 是真的吗？自己翻阅词典，看一看。

7. "打"字，一共有多少项意思？（作为动词，有 24 个义项；作为介词，有 1 个义项。）

8. 请同学来读一读。每人读一种义项，再读一读后面的举例。

9. "打"字是一字多义的典型代表。词典中还列举了由"打"字组成的词语，后面特别注明了它的意思。静心地默读，一会儿和大家分享你认为有意思的、感兴趣的。

10. "打"字趣事。

有一位驻中国的外国领事，一次在路上碰到一个拿着空瓶的小孩，就随便问道："小朋友，你去哪里？"

小孩答道："我去打酱油。"

领事疑惑地问道："打酱油？什么叫打？"

小孩解释道："打酱油就是买酱油。"

"OK，'打'就是'买'吗？"

"是。"

这位领事回到办公室，一拉开开关发现灯不亮了，于是叫工人张师傅上街买个灯泡。

"张师傅，你上街帮忙打个灯泡！"

"领事先生，灯泡不能打。"

"能打，到处都能打，你去打，我给钱！"

"灯泡一打就破！"

"哦，破的不要，要好的！"

11. 说一说，你笑什么呢？（"打"的本义是撞击，对于灯泡，只能说买，不能说打，这说明一个字、词进入到句子中，要受到一定语义场合的约束。领事不了解"打"的多义性，忽视了语境，因而让人哭笑不得。）

（二）翻阅词典，理解一字多音

1. 谁还收到了汉字国王的来信？读给大家听一听。

同学们：

　　你们好！我是汉字国王。你知道"载"字是个多音字吗？它读什么字音？表示何种意思呢？翻阅《现代汉语词典》，学一学吧。

汉字国王

2. 翻阅《现代汉语词典》，查一查"载"字，读一读它的字音，说一说它的字义。这期间，让学生查一查"装载"的意思：用运输工具载（人或物）。

3. 它的字义从何而来呢？对于汉字，我们可以"因形索义，因义记形"。

4. 要想理解"载"字，先要理解"才"，再来理解"戈"字，最后来理解"载"。

5. 理解"才"。

甲骨文"才"字是阻击敌军的示意图，其中的一竖表示敌军进攻路线，一横表示自己的防线，交叉之处的图形表示被挡住的敌军。把敌军挡住了说明战士们是有才能的，由此产生才能的含义。

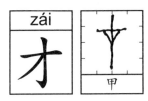

6. 理解"戈"。

篆文"戈"字由"才"和"戈"构成。"才"表示阻击敌军的进犯，整个字的意思是在交战中戈将人砍伤，由此产生了砍伤的含义。

7. 理解"载"。

由"戈"和"车"构成。"戈"字有打仗的含义，整个字的意思是乘车去打仗，由此产生装载的含义。从又乘车又打仗的意思中产生出同时做两个动作的含义。乘车去打仗又说明路途遥远，需要很长时间，由此产生长时间的含义，特指一年。这样长期的大规模的军事行动是应该记载的，由此产生了记载的含义。

8. "载"字是一字多音的典型代表，不同的字音，有不同的字义。我们从字理的角度阅读了这个字，通过"析形索义"，真真切切地读懂了这个字。

（三）翻阅词典，感受一字之趣

1. 谁还收到了汉字国王的来信？读给大家听一听。

同学们：

你们好！我是汉字国王。你知道"吃"字可以组成哪些词语吗？比如：经受艰辛叫"吃苦"；形势不妙叫"吃紧"；出乎意料叫"吃惊"……你能说说下面带有"吃"字的词语意思吗？

吃独食；吃小灶；吃不准；吃不饱；吃不消；吃火药；吃白眼；吃板子。

汉字国王

2. "吃"字的意思是把东西送进口中咽下。但是，有趣的"吃"字组成词语的时候，它就有了另外的意思。

特殊照顾叫"_____"；不顾他人叫"_____"。

收入太少叫"_____"；负担过重叫"_____"。

没有把握叫"_____"；开口呛人叫"_____"。

接受惩罚叫"_____"；被人小看叫"_____"。

答案：

吃小灶　吃独食　吃不饱　吃不消

吃不准　吃火药　吃板子　吃白眼

3. "吃"还可以组成哪些词语呢？还有很多，翻阅《现代汉语词典》，读一读吧。

4. 你觉得带有"吃"字的词语中，哪个最有趣？读给大家听一听吧。

（吃鸭蛋、吃闲饭、吃瓦片儿、吃老本、吃后悔药、吃官司……）

5. 翻阅了《现代汉语词典》，阅读了"吃"字，理解了由"吃"字组成的词语的意思，感受到了"吃"字之趣。

（四）合上词典，畅谈感受

1. 同学们，临近下课了，请大家合上词典，请你说说：阅读《现代汉语词典》枯燥吗？你的感受如何呢？

2. 如果请你以"《现代汉语词典》是……"来谈感受，你最想说什么呢？

3.《现代汉语词典》是一位老师，是一位无声的老师，希望大家能够每天翻开词典，向这位老师请教，有朝一日，你会成为"老师"的老师。

第三阶段　展示阶段

（一）分享各种"词典"

1. 同学们，其实，词典并不单单告诉我们字词方面的知识，专业知识也可以通过各种词典查阅。

2. 学生分享。

《成语词典》，可以查询成语。

《医学词典》，可以帮助我们查询疾病医疗方面的知识。

《物理词典》，可以查询物理方面的问题。

《唐诗鉴赏辞典》，可以解决唐诗方面的问题。

（二）分享《辞海》

1. 如果你能拥有一本《辞海》，你会发现，它像一个聚宝盆，里面的东西多得数不清。

2.《辞海》（第六版）是对时代发展的定格，充分反映了新中国成立60年，特别是改革开放30年的新事物、新成果，内容涵盖常用的单字、语词和百科词语，包括重要名词、概念、术语、成语、国名、人名、地名、组织、机构、事件、会议、著作、文件、决议等等。

3.《辞海》（第六版）彩图本收单字字头17914个，比第五版增加近400个，附繁体字、异体字4400余个；词条127200余条，比第五版增加4200余条；字数2300余万字，比第五版增加200余万字；图片16000余幅，与第五版相当。本版删去词目7000条，新增词目12300余条，条目修订面超过三分之一。

4. 每当放假的时候，大家可以每天翻阅《辞海》。如果你喜欢的话，还可以准备一个积累本，将自己喜欢的词语积累在本子上。我相信，你一定会有丰硕的收获的。

四、教后反思

活动伊始，出示"镇宅之宝"，让学生猜猜里面有何物。这是激起学生学习兴趣的好方法，让学生在快乐、轻松的氛围中投入到这堂课的学习中。

一个"打"字，它的20多条义项，一定会给学生留下极为深刻的印象。这样的学习过程，会促使学生对《现代汉语词典》情有独钟。慢慢地，学生就会养成一种习惯——《现代汉语词典》不离手。

"载"字是一个多音字，从字理的角度，了解"载"字的不同意思，尤其是从同一个字中解读出不同的四种义项，让学生感受古人的造字之智。追本溯源，让学生在对话中习得学习方法——因形索义，因义记形。

带领学生走进"吃"字，理解"吃"字的意思，再来体会由"吃"组成的词语却有了另外的意思。在富有生趣的语言文字活动中，感受汉字之趣味，进一步激起学生对《现代汉语词典 》的痴迷。

一次实践活动，究竟要在学生的心中留下什么呢？课堂上，要给学生留下时间静心思考，梳理自己获得的发现，回味美好的学习过程。分享感悟的过程，正是传递美好情感的时刻。由《现代汉语词典》拓展到《成语词典》《唐诗鉴赏辞典》等，让学生走进学习之泉源，鼓励学生自主学习，让热爱学习、享受学习的美好情感在学生的心间荡漾。

茶叶文化知多少

一、活动背景

茶是一种起源于中国的由茶树的叶或芽制作的饮品，也泛指可用于泡茶的常绿灌木茶树的叶子，以及用这些叶子泡制的饮料，后来引申为所有用植物的花、叶、种子、根泡制的草本茶，如"铁观音"等。茶叶作为一种著名的保健饮品，是古代中国南方人民对中国饮食文化的贡献，也是中国人民对世界饮食文化的贡献。

茶，也是一种教育资源。著名教育家陶行知在推广生活即教育时，在晓庄师范有过一段鲜活的茶实践。学校所在地，有一片茶园，陶行知改造后命名为"中心茶园"。中心茶园展览成为学校的重要活动，列入晓庄师范的二十六项重要事务之中。中心茶园里设有书报、棋牌，为师生，也为当地农民服务，有点今天所谓社区茶馆的意思，陶行知亲自担任指导员。

作为班主任，把"茶文化"引入课堂，让学生了解我国饮食文化的博大精深，更重要的是，茶有助于养性、静心，让饮茶成为一种习惯，给学生以思考、情趣。

二、活动目标

1. 认知目标：在实践活动中，引领学生了解茶叶的种类，学习茶叶的泡法，知道喝茶的好处。

2. 能力目标：亲历泡茶的过程，在细心的观察中，发现茶叶在水中的变化，体味泡茶的乐趣。

3. 情感目标：让喝茶成为一种习惯，在感受中国博大精深的茶文化的同时，养成健康的生活方式。

三、活动过程

第一阶段　准备阶段

（一）确定主题

1. 同学们，平时你口渴的时候，会喝哪些饮料？

2. 有没有同学平时喜欢喝茶？你喝的是什么茶？你是如何喜欢上喝茶的？

3. 饮茶始于汉代，兴于两晋，盛于唐宋。在中国，茶不仅是一种饮品，更包蕴着深厚的文化。

（二）自主预习

1. 在"茶叶文化知多少"综合实践活动中，给大家布置了四项预习内容。你可以自主选择其中的一项内容来完成。

2. 出示预习内容。

（1）了解茶叶的种类。

（2）学习茶叶的泡法。

（3）观察沏茶的过程。

（4）说说喝茶的好处。

第二阶段　实施阶段

（一）妙解"茶"字

1.（在黑板上写下一个大大的"茶"字）你看，这个"茶"字是由几部分组成的？

2. 是啊！"茶"字是由"草""人""木"组成。"人"立于天地"草木"之间，品茗悟道，融入自然，天人合一，至人无己。

3. 闲是闲非休要管，渴饮清泉闷煮茶。让我们一起走进茶文化。

（二）了解"茶"的种类

1.学生向大家汇报自己的学习收获。

类　别	代表性名茶	功　效
绿　茶	西湖龙井、碧螺春、信阳毛尖	降脂降压
白　茶	白毫银针、白牡丹	明目、保肝护肝
黄　茶	君山银针、霍山黄芽	益脾胃、助消化
青　茶	大红袍、铁观音	降血脂、抗衰老
红　茶	川红工夫、滇红工夫	助消化、暖胃、消疲劳
黑　茶	云南普洱、安化黑茶	降血脂、解油腻

（三）学习"茶"的泡法

1.怎样泡茶呢?

2.学生汇报。

泡茶的方法有三种:

上投法:先倒水,再放茶,让茶慢慢沉下去。上投法适用于身骨重、多芽毫的茶叶,如绿茶。

中投法:先倒一些水,然后放茶,等茶浸润一会儿,再注水。用中投法泡茶,是最常见的,适用于所有绿茶。

下投法:先放茶,再倒水。用下投法泡的绿茶,比较多的是太平猴魁、六安瓜片。

（四）观察"茶"的变化

1.我们采用"中投法"泡西湖龙井茶。泡茶的时候,要一边观察,一边把观察的所得记录下来!

2.发给每位学生一张观察记录表。

阶　段	任　务	我的发现
泡茶前	看茶叶	

阶 段	任 务	我的发现
泡 茶	听声音	
	看状态	
	看颜色	
	看茶叶	
泡完茶	闻味道	
	品茶香	
	谈感想	

3. 倒茶也很有讲究,你知道吗?

学生:倒茶的时候,不能给人家倒得太满。

老师:是的,从来茶倒七分满,留下三分是人情。你知道为什么倒茶不宜过满吗?

学生:如果倒得太满,茶水会洒到桌子上。

学生:品茶要一杯杯地品,所以不可能一杯倒得太多。

学生:品杯倒七分茶水,茶水的面距离杯口有一定空间,茶水的芳香就不容易失散。在饮茶前,可以闻到浓郁的茶香。

老师:你们说的都很有道理。其实,茶倒七分满,似乎也在告诉我们,为人做事一定要谦虚谨慎,不可锋芒毕露,要谦和含蓄。

4. 品茶后,请学生畅谈自己的发现。

(五)说说喝"茶"的好处

1. 喝茶,能够提神醒气,提高学习效率;能够防癌抗癌,让身体更加健康;能够凝神定气,去除烦躁不安……喝茶的好处不胜枚举,正是由于这些益处，才会引得无数爱茶之人为之钦慕。

2.其实，喝过的茶，还可以再利用呢。你知道喝过的茶可以做些什么吗？

3.学生汇报。

学生1：喝过的茶叶不要废弃，摊在木板上晒干，积累下来，可以用作枕头芯。

学生2：喝过的茶叶晾干后，点燃，可以驱除蚊蝇。

学生3：喝过的茶可以堆在花盆里，有助于植物的生长。

学生4：茶叶里含有大量的单宁酸，具有强烈的杀菌作用，尤其对致脚气的丝状菌特别有效。

学生5：时常将茶叶含在嘴里，便可消除口臭。

学生6：器皿中有鱼腥味，把废茶叶放在里面煮数分钟，便可去腥。

学生7：新买的木质家具，往往有刺鼻的油漆味，用茶水擦洗几遍，其异味自会消退，比清洁剂效果好。

4.看来，即便是用过的茶叶，也不能随意丢弃，那也是一宝啊！

第三阶段 展示阶段

（一）分享你的《品茶》

1.同学们拿起了笔，把自己观察到的茶的变化化作了美妙的文字。让我们一起分享吧。

2.金雪洋同学朗读《品茶》。

品茶（节选）
金雪洋

真想不到品茶也是一门学问。首先沏茶，先往茶壶里倒入三分之一的水，取出四勺茶叶，放入茶壶中，再倒入开水；然后赏茶，茶水呈淡黄色，茶叶微卷。一段时间过后，茶水已变成了深黄色，茶叶从黑色变成了墨绿色，叶片也完全舒展开了。紧接着，王老师把茶倒入杯中。原来是要"闻其香"了，只觉得涩涩的，再闻，又感到格外清香。

最美妙的是品茶。轻辍一小口，一股透人心肺的香味四散开来。紧接着品第二口，那味道越来越浓，不觉，我已经沉浸在这美妙的气味中，清苦而不失香甜。第三口，我品味到了它的意境，那是一种享受，仿佛置身于大自然中，喝上这一口，顿时来了精神。

洋溢着茶香的活动课结束了，但那淡淡香气仍然萦绕在我的心中。

（二）不宜喝茶时间

1. 你知道什么情况下不宜喝茶吗？
2. 学生交流。
3. 教师小结：空腹饮茶会冲淡胃酸，还会抑制胃液分泌，妨碍消化，所以空腹不宜喝茶；睡前 2 小时内最好不要饮茶，饮茶会使精神兴奋，影响睡眠，甚至失眠；一般认为，服药 2 小时内不宜饮茶。

四、教后反思

茶文化博大精深，源远流长，带领学生走进茶的世界，潜移默化地引领学生过一种宁静的生活。一杯茶，一本书，享受这种惬意的自由的生活方式。

一次丰富的综合实践活动，学生了解了与茶有关的知识，亲历了茶在泡之前与泡之后出现的迥然不同的形态，感受了自然之物的神奇与美妙。很多学生用笔记录下了自己的观察所得，自己的真切感悟。一杯茶，一支笔，一本书，学生需要如此宁静的生活方式。

感受中国年文化

一、活动背景

中国的传统节日从远古走来沉淀了千百年的传统文化。每一个节日都有它的历史渊源、美妙传说、独特情趣和深厚广泛的民众基础。传统节日习俗反映了中华民族的传统习惯、道德风尚和宗教观念，寄托着整个民族对生活的美好愿望与憧憬，具有很强的内聚力和广泛的包容性。

在班级实践活动中，班主任可以引领学生走进传统节日，让学生真真切切地感受传统文化的魅力。在课堂上，学生了解过传统节日，比如学生在语文教材中阅读过老舍先生的作品《北京的春节》；在生活中，学生亲历过传统习俗，比如快过年了，制作腊八粥，得到压岁钱……但是，学生对传统文化的感知零零散散，缺乏全面的、系统的感知。

不妨以"中国年文化"为载体，让学生亲身感受中华民族深厚的文化底蕴，感受中华民族独特的精神内涵和无限的魅力。

二、活动目标

1. 认知目标：了解"年"中的几个重大节日——腊八节、祭灶节、除夕、春节、元宵节。了解"年"的由来，分享节日里的习俗，品读作家笔下的传统节日。

2. 能力目标：引领学生感受传统节日的无限魅力，亲历传统节日中的习俗，学会与同伴分享自己的体验，表达自己的感受。

3. 情感目标：通过活动，提高学生的人文素养，促其把握传统节日的内涵，在积极的参与中，获得对传统节日历史文化精髓的认同，继承和弘扬中华民族的优秀传统文化。

三、活动过程

第一阶段　准备阶段

（一）确定主题

1. 在滔滔如流的岁月中，中华民族的传统节日，如一个个涌起的浪峰，显示出它们的不凡。它们在民族历史的长河中，世世代代，年年岁岁，为人们的生活增添意义和乐趣，振奋或抚慰人们的心灵，由此而引发的思绪和灵感，又往往成为古人诗词创作抒情咏怀的缘由和契机。

2. 读一读下面的这些诗句，你知道写的是哪个传统节日吗？

序　号	节　日	诗　句
1	？	**元　日** 王安石 爆竹声中一岁除，春风送暖入屠苏。 千门万户曈曈日，总把新桃换旧符。
2	？	**清　明** 杜　牧 清明时节雨纷纷，路上行人欲断魂。 借问酒家何处有？牧童遥指杏花村。
3	？	**乞　巧** 林　杰 七夕今宵看碧霄，牵牛织女渡河桥。 家家乞巧望秋月，穿尽红丝几万条。
4	？	**天竺寺八月十五日夜桂子** 皮日休 玉颗珊珊下月轮，殿前拾得露华新。 至今不会天中事，应是嫦娥掷与人。

3. 走进了独特、迷人的古代诗词里，我们触摸到了一个又一个传统的节日。有春节，有清明节，有七夕节，有中秋节。你还知道哪些中华传统节日呢？

4. 学生交流：腊八节、祭灶节、元宵节、除夕、端午节、中元节……

5. 哪些是与"年"有关的节日？

比如腊八节、祭灶节、除夕、春节、元宵节。

6. 未来的日子里，我们一起走进与"年"有关的节日。年，不仅仅是一个重要节日，更是一种文化。

（二）自主讨论

1. 全班分为五个小组，确定五位小组长，带领组内成员分别走进腊八节、祭灶节、除夕、春节、元宵节，了解节日的由来与节日里特定的习俗。

2. 自由结合，分组实施。

第二阶段　实施阶段

（一）了解年的由来

春节是中国最重要的传统节日，而过年又被大家格外看中，那年究竟是怎样来的呢？

中国古代把年称为岁。距今两千多年前的太初元年，汉武帝颁发"太初历"，将岁称为年，但两者常常通用。

自秦代开始，就一直以阴历十二月为腊月。年本是一岁临末时的活动，实际却面向未来，含迎新之意，与正月自然是连在一起的。

辛亥革命以后，国家采用公历过年，明令以元月一日为新年节日，以农历正月初一为春节。新中国成立后，仍以正月初一为春节。

（二）走进"年"的节日

1. 向五位小组长下发活动记录表。

走进传统节日—— _____			
节日的由来			
节日的习俗			
古诗中的节日			
亲历年的习俗			

2. 这次实践活动的时间是两个星期，两个星期以后，我们以小组为单位进行分享。

第三阶段　展示阶段

（一）走进腊八节

1. 我们第一小组来汇报——腊八节。农历的十二月又叫腊月，十二月初八，俗称腊八。

2. 腊八节里，要熬制腊八粥。腊八粥的食材可是包罗万象：红小豆、糯米、红枣、莲子、核桃、栗子、杏仁、松仁、桂圆、榛子、葡萄、白果、青丝、玫瑰、花生……

3. 腊八节里，还要制作腊八醋。

活动时间	腊八节	活动地点	家	活动指导	妈妈
名　称	腊八醋	食材准备	大蒜、醋		
活动步骤	1. 找一个干净的玻璃瓶。				
	2. 把蒜剥好，一定要用好蒜，把有疤痕的挑出来不用，否则泡出来味道不好，而且爱坏。				
	3. 蒜剥好放进干净的玻璃瓶中，往里倒醋，最好要用米醋，醋和蒜的比例可以根据自己的口味定。				
	4. 放好后，一定要把盖子盖严，不要让它进气，这样就算做好了。				
	5. 除夕夜打开，就可以食用了。				

（二）走进祭灶节

一个小组围绕祭灶节，从"习俗""美食""美文"几个方面汇报学习收获。

走进祭灶节	
习　俗	祭灶，是一项在我国民间影响很大、流传极广的习俗。旧时，差不多家家灶间都设有"灶王爷"神位。传说他是玉皇大帝派到每户家中，负责管理各家的灶火，并被作为一家的保护神而受到崇拜。到了腊月二十三日灶王爷便要升天，向天上的玉皇大帝汇报这一家人的善行或恶行。因此，在灶神上天奏报善恶以前，必须祭祀，祈求灶神升天多向玉皇大帝说一些好话。 　　送灶神时，都要煮甜的汤圆祭拜，或用盘碟盛些糖果和年糕，给灶神"饯行"。据说，年糕黏，可以封住灶神的嘴巴，上天不乱禀报；糖果是甜的，能让他说尽好话。
美　食	关东糖多长条形的，圆形的就叫作"糖瓜"。糖瓜里边有小气泡，吃起来脆甜香酥，比白糖多出一种别致风味。最大的特点是极黏，而且越嚼越黏，因此自古就得了一个别名"胶牙饧"，晋代的《荆楚岁时记》中就是这么叫的。
美　文	灶君升天的那日，街上还卖着一种糖，有柑子那么大小，在我们那里也有这东西，然而扁的，像一个厚厚的小烙饼。那就是所谓"胶牙饧"了。本意是在请灶君吃了，粘住他的牙，使他不能调嘴学舌，对玉帝说坏话。——鲁迅《送灶日漫笔》

（三）走进除夕

一个小组围绕着"红"字，分享了除夕的习俗。

除夕的习俗	
除夕，称三十年夜，月小称廿九夜。旧语说"新年头，旧年尾"，辞旧迎新的这一天，是一年末最忙碌的一天。	
穿红衣裳	除了大姑娘们爱穿红以外，每逢本命年的人，都讲究本命年之前的除夕子时，系上一条红腰带，穿上一双红袜子。
戴红绒花	老太太喜欢在头上戴红绒花"聚宝盆"，表现了老人的祈福心理。
贴红春联	窗上的窗花是红的，门上的春联也是红的。
放红鞭炮	"爆竹声中一岁除"，大年三十，辞旧迎新，爆竹是不能缺少的。
打红灯笼	小朋友喜欢打灯笼，灯笼也是红的。

（四）走进春节

一个小组从"衣食住行"四个方面汇报学习收获。

春节的习俗	
衣	人人穿新衣，一片喜庆的氛围。
食	过年的吃，总是"初一饺子"打头儿。
住	房间里，处处贴满了喜庆的年画。
行	大拜年。晚辈给长辈拜年，长辈给晚辈压岁钱。拜完年，全家去逛庙会。

（五）走进元宵节

一个小组分享了元宵节里特有的习俗。

元宵节的习俗			
简 介	农历正月十五，是中国民间传统节日"上元节"，也叫"元宵节"，又俗称"灯节"。		
习 俗	吃元宵	闹花灯	猜灯谜

（六）阅读作家笔下的节日

1. 刘绍棠的《本命年的回想》（节选）。

我小的时候，家乡的大年从腊月初一就开始预热。一天比一天增温，一天比一天红火，发烧直到年根下。

腊月初一晚上，家家炒花生、炒瓜子、炒玉米花儿；炒完一锅又一锅，一捆捆柴火捅进灶膛里，土炕烫得能烙饼。玉米粒儿在拌着热沙子的铁锅里毕剥毕剥响；我奶奶手拿着锅铲，口中念念有词："腊月初一蹦一蹦，孩子大人不得病。"花生、瓜子、玉米花儿炒熟了，装在簸箕里，到院里晾脆，然后端进屋来，一家人团团围坐，大吃大嚼。吃得我食火上升，口舌生疮，只得喝烧煳了的锅巴泡出的化食汤。化食汤清净了胃口，烂嘴角的食火消退，又该吃腊八粥了。小米、玉米糁儿、红豆、红薯、红枣、栗子熬成的腊八粥，占全了色、味、香，盛在碗里令人赏心悦目，舍不得吃。可是吃起来却又没有个够，不愿放下筷子。喝过腊八粥，年味儿更浓重。

2. 孙犁的《记春节》（节选）。

如果说我也有欢乐的时候，那就是童年，而童年最欢乐的时候，则莫过于春节。

春节从贴对联开始。我家地处偏僻农村，贴对联的人家很少。父亲在安国县做生意，商家讲究对联，每逢年前写对联时，父亲就请写字好的同事多写几幅，捎回家中。

贴对联的任务，是由叔父和我完成。叔父不识字，一切杂活：打糨糊、扫门板、刷贴，都由他做。我只是看看父亲已经在背面注明的"上、下"两个字，告诉叔父，他按照经验，就知道分左右贴好，没有发生过错误。我记得每年都有的一副是：荆树有花兄弟乐，砚田无税子孙耕。这是父亲认为合乎我家情况的。

3. 年，到底是什么味道的？是汤圆的味道，又香又甜？是烟花爆竹的味道，刺鼻还有点儿呛？是全家人团圆的幸福味儿，还是亲戚互相拜访的亲情味儿？拿起你的笔，也来写一写吧。

四、教后反思

节日习俗有着深厚的人文内涵、丰富优美的表现形态，有着历久弥新而与时俱进的强大生命力，以及情味盎然、光彩夺目的独特魅力。

第一，让学生在亲历中感受年的味道。

学生喜欢过年，时时都在盼着过年。鼓励学生亲自泡一泡腊八醋，尝一尝腊八粥，恐怕会成为学生童年中最美好的记忆，获得生活的满足感和幸福感。中华传统文化就是这样一代一代地传承下来。

第二，让学生在阅读中感受年的味道。

从阅读中，了解到各地过春节时的不同习俗，让学生倍感有趣。阅读，会极大地激发学生创作的欲望。品读作家笔下的春节后，很多学生也欣然地拿起笔，记录下自己的春节故事及所思所感。春节的习俗，在学生的心中烙下了深深的印记。

春节，是个载体，让学生有效地触摸到了中华传统文化的精妙，热爱祖国、热爱祖国传统文化的美好情感在学生心中荡漾。

第

三

辑　拥抱幸福家庭

家是温暖的港湾

一、活动背景

　　家是学生温暖、幸福的港湾，而安全是家庭幸福的保障。学生大部分的时间都在家庭里度过，家庭的安全是学生平安、健康成长的重要保证。

　　在班级实践活动中，以"家庭安全"为内容开展活动，是尤为必要的：通过搜集资料、亲历实践、主动分享等一系列自主学习过程，让学生熟练地掌握正确使用煤气、水、电的方法，教育的过程就是慢慢教的过程；引领学生阅读那一个个震撼人心的生活案例，这一定会有效地增强学生的家庭安全意识；在"小手拉大手，全家共成长"的实践延伸活动中，增强每一位家庭成员的安全意识。

　　在班级实践活动中，向 45 位学生传播安全意识，同时又会带动 45 个家庭，教育的意义是深远的。只有这样，家才能成为学生温暖而又幸福的港湾。

二、活动目标

　　1. 认知目标：引领学生掌握自我保护的方法，熟记紧急求助电话，知道家庭起火、遇到坏人、夏季雷雨天应该怎样做。

　　2. 能力目标：学会与人合作，乐于分享，独立绘制家庭逃生图，在家长的组织下，进行一次逃生演练，掌握逃生技能。

　　3. 情感目标：通过开展实践活动，增强学生的安全意识，促进学生健康、幸福地成长。

三、活动过程

第一阶段　准备阶段

（一）确定主题

1.阅读一则新闻。

2018 年 7 月 29 日《钱江晚报》报道了这样一则新闻，让我们一起来读一读。

13 岁男孩冷静应对火灾

新闻发布会现场，钱报记者见到了起火房间相邻的一家四口。男孩叫小亦，今年 13 岁，刚刚小学毕业；旁边坐着他的妹妹，只有 7 岁。

小亦说，火灾起来时，他和妈妈、妹妹正坐在客厅的沙发上，等爸爸回家吃饭。

"我们先闻到一股焦味，还以为自己家里着火了。我跑到厨房的窗户那儿，看到是隔壁在冒烟，然后就听到楼道里有人喊'着火了'……"小亦向钱报记者回忆。

小亦和妈妈、妹妹准备打开房门往外跑，看到有浓烟已经从门缝里钻了进来。

"我拿出毛巾，拧开水龙头，用水打湿。妈妈接过湿毛巾堵在了门缝下面。"小亦说，前后总共用了三条湿毛巾堵门缝。

同时，小亦拿出手机拨打了 119，"我先跟消防员叔叔报了大概的位置，然后告诉他我现在在主卧，正用湿毛巾捂住口鼻，等待救援"。

打完电话后，三人靠近窗台位置，等待救援。"我还打开了手机的手电筒，不断地向楼下人员招手，希望能吸引他们的注意力。"

小亦的爸爸李先生告诉钱报记者："小亦毕竟还是个孩子，当时他也害怕。我就跟他说，你在学校里不是参加过'小小消防员'的课程嘛，他就慢慢想起来怎么做……我在赶回家的路上，一直跟他们保持电话畅通。我要知道他们还活着，让他们离窗台越近越好。"

2.读完了这则新闻，说说你的感受吧。

3.我们要想让自己拥有一个安全的成长环境，就需要掌握必要的安全常识。未来的一段时间里，我们要开启"家是温暖的港湾"综合实践活动，一起来提高安全意识。

（二）确定小组实践内容

1.让我们集思广益，小组讨论一下：你们小组准备研究哪些内容?

2.商定活动内容。

组　别	实践活动内容
第一小组	整理紧急求助电话和生活必备电话
第二小组	家里不慎起火怎么办
第三小组	遇到坏人时如何保护自己
第四小组	夏季雷雨天应注意什么

3.每个小组选择一个活动内容，在小组长的带领下完成实践任务。

（三）确定集体实践内容

1.与你的爸爸、妈妈一起设计一份家庭逃生图。

2.设计好家庭逃生图以后，在你的爸爸、妈妈的带领下进行一次家庭逃生演练。

第二阶段　实施阶段

（一）分享家庭逃生图

1.请同学们分享你和爸爸、妈妈共同设计的家庭逃生图，并向大家做讲解。

2.陈炳旭同学做展示。

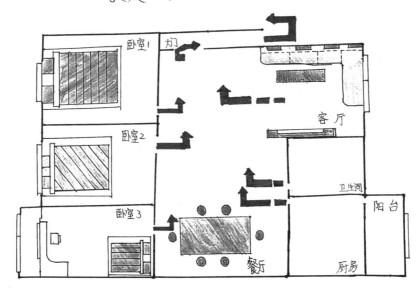

家庭 消防逃生路线

3. 肖羽婧同学做展示。

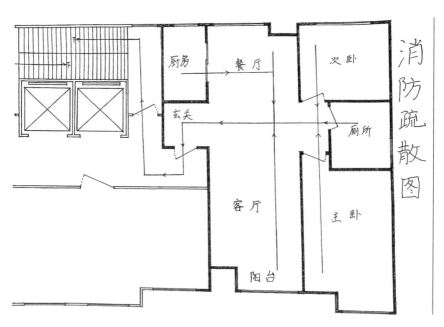

（二）组织家庭逃生演练

1. 周末的时候，你可以和爸爸、妈妈进行一次家庭逃生演练。准备湿毛巾，当火灾来临时，用来捂住口鼻。

2. 逃生演练过程中，因模拟火灾发生，所以不能乘坐电梯，要猫腰走楼梯。

3. 逃出居民楼后，要选择空地处集合，不可在高楼下面停留。

（三）小组继续合作探究

1. 小组成员继续完成探究内容，一周后进行展示交流。

2. 选派小组中一名成员，参与集体展示活动。

第三阶段　展示阶段

（一）第一小组汇报

我们从两方面进行汇报，一是小组成员整理了紧急求助电话，二是小组成员整理了生活必备电话。

紧急求助电话		生活必备电话	
报　警	110	号码查询	114
公安短信报警	12110	天气预报	12121
火　警	119	消费者投诉电话	12315
交　警	122	质量监督投诉电话	12365
急　救	120	食品药品安全投诉举报热线	12331
外交部领事保护热线	0086-10-12308	环保投诉	12369
		国家旅游服务热线	12301

（二）第二小组汇报

1. 如果家里不慎起火怎么办？我们提出六条措施，供大家参考。

（1）如果是炒菜时油锅起火，迅速盖上锅盖，这样将火与空气隔绝，使锅里的油火因缺氧而熄灭。万万不可以用水扑救。

（2）液化气因漏气起火时，首先应迅速切断气源，同时用灭火器或灭火粉将火扑灭。

（3）家用电器起火，要立即拔下插头，然后用毛毯捂盖。万万不可以在电源切断前用水扑救，因为水能导电，容易造成触电事故。

（4）房间内起火，不能轻易打开窗户。如果将窗户打开，空气对流，火势会迅速发展，形成大面积火灾。

（5）纸张、木头起火，可以用水来扑救；而电器、汽油、食用油着火不能用水扑救，可以用土、沙子、干粉灭火器等。

（6）如果火势已大，必须立即报火警，号码是"119"，拨通电话后，立即报告火灾地点、火势情况和自己的姓名。

2. 我们小组郑重地建议大家，在家中备上一个灭火器，可以放在入口处。还可以准备一根逃生绳，关键时候，它就是一根救命绳。

（三）第三小组汇报

1. 我们小组讨论的话题是：遇到坏人时，如何保护自己？经过讨论，大家列出了四条建议。

第一，自己上下学的时候，不与陌生人交谈，不接受陌生人送的礼物。如果他问路并要求带他过去，我们以不清楚为理由迅速离开。

第二，如果他强行要我们做什么，我们就大声呼救。如果在学校周边，就迅速跑回学校。如果附近有银行，我们就跑进银行里，寻求帮助。

第三，一个人在家的时候，切记不认识的人一律不给开门。

第四，我们建议，大家出门前佩戴具有 GPS 定位的儿童手表。

2. 我们还建议大家，告诉爸爸妈妈要在防盗门上安装一个"猫眼"。这样，看到陌生人就可以先给父母打电话，然后再决定是否开门。

（四）第四小组汇报

1. 我们小组列出了四条建议，希望对大家有所帮助。

第一，在打雷下雨时，不能前往高处观赏雨景，不能在大树下、电线杆附近躲避，也不要行走或站立在空旷的田野里，应尽快躲在低洼处，或尽可能找房屋躲避。汽车内也是较好的避雷场所。

第二，雷雨天气时，不要用金属柄雨伞，摘下金属架眼镜、手表、裤带，若是骑车外出要尽快离开自行车，远离金属物体，以免因金属导电而被雷电击中。

第三，不要在雷雨天，特别是空旷的地方拨打手机。

第四，在电闪雷鸣时，应立即关掉室内的电视机、音响、空调机等电器，以避免引雷入室和雷击破坏电器。打雷时，人在房间的正中央较为安全，切忌停留在电灯正下面，不能依靠在柱子、墙壁、门窗边上，以避免在打雷时产生感应电而致意外。

2. 我们建议大家，出门前要看一看"天气预报"，尽量雷雨天不外出。

（五）班主任小结

同学们，我们生活中的每一天，潜藏着有待发现的魅力，也潜藏着需要提防的危险。在这个世界上，每个生命都是唯一的。哪一个人不愿笑语常在，哪一个家庭不愿幸福美满？安全如同一根七彩的丝线把我们这一个个美好的愿望连接起来，构成一个稳定、祥和、五彩缤纷的美好世界。安全无小事，防患于未然。

四、教后反思

安全教育是班主任工作中的重要内容。安全教育内容应位于教育内容之首。家庭中的安全教育，是我们常常忽视的内容。所以，在综合实践活动中，我确定了"家是温暖的港湾"的活动内容，让班级教育无盲区。

如何让学生在家里与安全为伴？同样需要老师慢慢地教，设定不同的情境，引领学生掌握自我保护的方法。只有掌握的应急方法足够多，他们才能举一反三。当他们遇到没有分享过的情境时，他们也能开动脑筋，运用已有知识经验，创造性地运用到生活实践之中。这就是教育的意义。

组织学生和爸爸妈妈一起绘制一张家庭火灾逃生图，并亲历逃生演练过程，这样的实践活动，增强了家长、学生的安全意识，提高了家长、学生的逃生技能。俗话说，机会都是留给有准备的人的。我们倡导家庭中准备一个灭火器、一条逃生绳……危机时刻，它们就是生的希望。

爸妈童年的游戏

一、活动背景

说起童年的游戏，我们可以说上一火车——滚铁环，打弹子，打陀螺，斗鸡，打弹弓，拍香烟纸，拍画片，丢沙包，跳绳，打水漂，跳皮筋，踢毽子，跳格子，捉迷藏……

那时候，没有手机，没有电脑，没有……但是，我们从这些传统的游戏中获得了快乐。

现在的孩子每天与手机为伴，降低了视力，患上了网瘾，没有事情辨别能力，在网上结识了一些品行不端的网友。

所以，我们要把学生从手机的世界里拉回来，让他们喜欢上传统游戏，从各种各样的传统游戏中获得知识，收获快乐。

二、活动目标

1. 认知目标：采访爸爸妈妈，了解他们小时候的传统游戏，了解游戏的名称，了解游戏的玩法，并能流畅地向大家做汇报。

2. 能力目标：学会与他人沟通，虚心求教，从他人那里获取知识，提升学生的沟通、交往能力，能够从多方面获取信息，提升搜集资料的能力。

3. 情感目标：感受传统游戏的魅力，激起学生对传统文化的兴趣，升腾起对生活的无限热爱。

三、活动过程

第一阶段　准备阶段

（一）确定主题

1. 每位同学都有自己喜欢的、经常玩的游戏。你平时最喜欢玩什么游戏呢？

2. 学生交流：玩拼图、踢足球、打电子游戏、跳长绳……

3. 这些游戏带给我们无限的快乐，让我们放松心情、愉悦身心，让我们有更充沛的精力去学习。这次的实践活动，让我们走进爸妈童年的游戏，体验爸妈小时候的快乐。

（二）确定内容

1. 布置这次实践活动的内容。

爸妈童年的游戏			
采访对象		采访时间	
爸爸童年喜欢的游戏	游戏名称：		
	游戏玩法：		
	游戏名称：		
	游戏玩法：		
妈妈童年喜欢的游戏	游戏名称：		
	游戏玩法：		
	游戏名称：		
	游戏玩法：		

2. 一个星期后，我们一起来交流并体验爸妈童年的游戏。

第二阶段　实施阶段

（一）集体交流

1.请大家拿出采访提纲，我们来交流：你爸爸妈妈童年的时候，喜欢玩哪些小游戏呢？

2.我们将这些游戏进行梳理。

（二）体验游戏——"天下太平"

1.学生介绍游戏"天下太平"。

这是一种猜拳写字游戏，多见于上世纪七八十年代，与丢沙包、跳格子、跳皮筋同时代。

2.介绍玩法。

参与者一般为两人及两人以上，双方先各自画一个田字格，然后进行"石头，剪子，布"猜拳，获胜的一方可以在自己的田字格内写上一笔，之后再进行猜拳，依此类推，直到一方首先写完"天下太平"四个字获胜为止。

3.学生两两一组，体验"天下太平"的小游戏。

（三）体验游戏——"连五子"

1.学生介绍游戏"连五子"。

五子棋是世界智力运动会竞技项目之一，是一种两人对弈的纯策略型棋类游戏。

2.介绍玩法。

通常双方分别使用黑白两色的棋子，下在棋盘直线与横线的交叉点上，先形成五子连线者获胜。

3.技巧。

没有棋子和棋盘的情况下，可以在横条纸上画若干条竖线，这样"棋盘"有了。用铅笔在上面画"圈"或"三角形"代表黑白棋子，这样一来，"棋子"也有了。

4.学生两两一组，体验"连五子"的小游戏。

（四）体验游戏——"三个字"

1.学生介绍游戏"三个字"。

"三个字"是一种"抓人"的小游戏。当深陷困境之时，可以说出"三个字"的词语，使自己受到保护，等待他人的帮助。

2.介绍玩法。

选出一个人当"鬼"，其他同学当"人"。如果"鬼"来了，就必须说三个字的词，还要站在原地不动，等另一个人拍你，你才可以动。如果"鬼"抓到了"人"，被抓到的就会变成"鬼"，而之前的那个"鬼"就会变成"人"。

3.全班分为五大组，到大操场上体验"三个字"的小游戏。

（五）体验游戏——"吹肥皂泡"

1.学生介绍游戏"吹肥皂泡"。

妈妈说，她小时候，自己在家，就会和院子里的小朋友一起"吹肥皂泡"。当我阅读了冰心老人写的《吹肥皂泡》，我发现她老人家小时候也喜欢"吹泡泡"。

2.介绍玩法。

吹肥皂泡（节选）

冰　心

法子是将用剩的碎肥皂，放在一只小木碗里，加上点水，和弄和弄，使它融化，然后用一支竹笔套管，沾上那粘稠的肥皂水，慢慢地吹起，吹成一个轻圆的网球大小的泡儿，再轻轻一提，那轻圆的球儿，便从管上落了下来，软悠悠地在空中飘游。若用扇子在下边轻轻地扇送，有时能飞到很高很高。

这肥皂泡，吹起来很美丽，五色的浮光，在那轻清透明的球面上乱转。若是扇得好，一个大球，会分裂成两三个玲珑娇软的小球，四散分飞。有时吹得太大了，扇得太急了，这脆弱的球，会扯成长圆的形式，颤巍巍的，光影零乱，这时大家都悬着心，仰着头，停着呼吸，——不久这光丽的薄球，就无声地散裂了，肥皂水落了下来，洒到眼睛里，使大家都忽然低了头，揉出了眼泪。

——摘自百花文艺出版社出版的季羡林主编的《百年美文·生活卷》

（六）自主实践，自我体验

你还喜欢哪些传统小游戏呢？你可以邀请爸爸妈妈或是你要好的朋友，一起体验吧。如果你喜欢，可以把你体验的内容写进日记本里哦！

第三阶段　展示阶段

（一）分享快乐的体验

1.拔老根。

童年趣事：拔老根
天津市南开区中营小学　张文博

提起拔老根，你可能并不陌生，这种游戏已经流传了许多年，听说爸爸小的时候，也玩过拔老根的游戏。这不，我也喜欢上它了。

记得有一次，我看到两位同学正在玩这个游戏。我好奇地上前看看热闹，只见这两位同学各自找了一片落在地上的杨树叶子，把叶子去掉后，只留下叶柄，我们都把它称为"老根"，也叫"叶根"。两位同学把两个叶根交叉在一起，各自拿着叶根的两头，向自己这边使劲地拉，两个叶根较上了劲，谁也不让谁。过了一会儿，左边的叶根快要坚持不住了，但是左边的选手并没有放弃，还是使足了劲，充满自信地"决斗"。终于，左边的选手胜利了，他正是凭借自己的勇气和自信力战胜了对方。

看了这么长时间，我也有点迫不及待地想试一试。于是，我在地上仔细地打量着每一个叶根，找来找去终于找到了我心目中的强健者。我马上把它捡了起来，找了一个好伙伴，来进行比赛。比赛开始了，我和他都使足了力气。时间一分一秒地过去，我们两个基本上是平局。比赛更加激烈了，他急得牙齿都露了出来，而我的心飞了起来，生怕自己的叶根断掉。我们两个人的叶根都快不行了，只听"啪"的一声，我和他的叶根都断了，似乎感到很心疼。

哎呀，真没想到一个小小的叶根就玩出这么好玩的游戏，如果你感兴趣了，就赶快来玩一玩吧。

2."推小车"。

"推小车"

天津市南开区中营小学　卞文暄

星期五下午第三节课，是一节体育课。我们跑完步之后，体育老师教我们玩了一项我们从没玩过的游戏——"推小车"。怎么个推法呢？是由两个同学共同来完成，其中一位同学让另一位同学的双脚夹住自己的身体两旁，而另一位同学的手要撑住地面，好像真的在推小车似的。

我和崔岚彤一组，我们第一次玩的时候，刚走了三步他就摔了个大跟头。我和他回到队伍中哭笑不得，后来我们做了个"计划"，当我们再玩的时候，在我们前面推小车的女生，被我们远远地抛在了后面。

到了教室，我和他又定了个新"计划"，准备在下次体育课上再显示我们的威力。

3. 捉迷藏。

捉迷藏

天津市南开区中营小学　闫鼎新

我上四年级时，一个周末，几个小伙伴来找我到小区里玩，玩什么呢？小区里实在没有什么好玩的了。我拍拍脑袋，皱着眉头，还是没想出来玩什么。忽然，一个小伙伴提议玩捉迷藏，大家都同意了。

我们立刻在院子里东躲西藏，大家你追我赶，玩得很开心。由于我对环境十分熟悉，所以，他们很难找到我。

该我"捉人"了，我在院子里四处张望着。门微微地动了一下，引起了我的注意，从门缝看见了一个伙伴。我暗暗高兴，装着没看见的样子，故意走到门边停下来，嘴里小声说着："哎呀，他们都躲哪去了？我都累了，我靠门歇一会儿吧！"话音刚落，在门后的小伙伴就说："别，别，别，我在后面呀！"我乐了起来，装着大吃一惊的样子说："门后怎么还有一个人呀？"他只好走了出来，和我挤挤眼睛，不好意思地笑了。

轮到我藏了，我该藏哪儿呢？秘密的地方别人藏过了。我绞尽脑汁地想来想去，看到一个装冰箱的大纸箱，灵机一动，马上钻了进去。我在箱子里静静地站着，心想：他一定猜不到我会在这里。这时，响起了一阵轻轻的脚步声。我知道他开始找了，不由得紧张起来，就像胸口里揣着一只小兔子，心突突直跳。难道他来到我跟前了吗？他发现我了？这时，他说："别躲了，我发现你了！"我心想：完了，我被发现了，他可真聪明！我只好从箱子里钻出来。他说："你原来藏在这里呀！我只是试探试探，你果然中计了！"我们俩都不约而同地笑了。

童年，你给了我多少快乐！我真想再拥有一个这样的童年。

（二）分享作家的体验

1. 抽陀螺。

抽陀螺

金　波

陀螺，是一种很简单的玩具，小孩子自己都可以制作。找一块木头，削成一寸多高，直径也一寸多的圆柱形，再把下端削尖，尖端安一粒铁珠，陀螺就算做成了；再做一根鞭子，就可以玩儿起来。

玩儿的时候，先得从鞭梢儿缠起，缠住陀螺的腰身。直放在地上，用手指按住陀螺顶端，用力一拉鞭绳，陀螺就在地上转起来，再用鞭子不断抽打，越抽转得越快。

为了让陀螺转得更快，我们常到冰上去玩儿。鞭梢儿噼啪噼啪响，陀螺滴溜滴溜转，尽管天寒地冻，谁也不觉得冷。

——摘自中国少年儿童出版社出版的金波所著的《泥泥狗》

2. 滚铁环。

滚铁环

蒋 蓝

滚铁环是男孩个个都会的一种玩法，它是对人的耐心和平衡技巧的考验。用一根粗铁丝扭成的铁钩钩住铁环，就可以推动铁环向前滚动。技艺高超的男孩可以让这只"风火轮"一直不倒，其间要经过无数凸凹的路面和水坑，类似于一种简单的杂技了。

在黄泥路与青石巷里，孩子不知疲倦地奔跑，铁环滚动时发出的声音悦耳而清脆，不但响彻我们童年的晨昏，甚至到今天，透过都市的喧嚣，仍能依稀分辨出那种纯粹的动人的声音。

有些男孩为了增加铁环的声音"威势"，还在铁环上加了几个小铁丝圈，这样一来，铁环滚动时小铁丝圈与之摩擦的声音就特别大，其威势大概犹如现在听到凯迪拉克的独特喇叭声，旁人立即谦恭地让出一条道来，让其耀武扬威地通过。

——摘自重庆大学出版社出版的蒋蓝编著的《老游戏》

四、教后反思

学生喜欢游戏，他们的内心有着强烈的探究欲望，所以非常喜欢那些没有体验过的游戏。学生对爸爸妈妈进行采访，不仅沟通了亲子感情，还从中获取了自己从不知道的传统游戏内容。

在课堂上，我们体验了"天下太平""连五子"等游戏。学生在日记中记录下了自己独特的体验和心情。

我在学生的日记本上写下了这样的话：古老的，值得我们怀念！古老的游戏，更值得我们体验！

体验父母的岗位

一、活动背景

在班级中，我们一直重视学生在体验中成长，给每个学生一个锻炼的岗位，给孩子呈现一种自然的生活常态，让孩子在体验中学会自我管理，享受成功的喜悦，获得自信，变得有责任心、阳光向上。

每到假期，我们鼓励学生"体验父母的岗位"，感受父母的辛劳。学生深入到父母的岗位上，学习课堂上、书本里学不到的知识，充分进行职业体验，为将来选择社会职业奠基。

二、活动目标

1. 认知目标：走上父母的工作岗位，向父母了解工作内容、工作方法。
2. 能力目标：在体验父母工作岗位过程中，反复实践，形成劳动技能。
3. 情感目标：让孩子通过岗位体验，培养良好的心理品质和社会责任感，最终目的是为孩子的社会化发展奠定基础。

三、活动过程

第一阶段　准备阶段

（一）快乐调查

1. 同学们，俗话说：三百六十行，行行出状元。每一位同学的爸爸、妈妈都在从事着不同的职业，能和大家分享一下，你的爸爸妈妈在做什么工作吗？

2. 学生分享。

3. 梳理出家长的职业：教师、医生、投递员、银行职员、居委会主任、警察、列车员、护士、出租车司机、导游、会计、厨师、编辑、设计师……

（二）确定主题

1. 回去之后，和爸爸妈妈商量一下：是否可以到爸爸妈妈的工作岗位上去体验一番？

2. 未来的时间里，我们开启"体验父母的岗位"综合实践活动。

3. 班级将组织部分同学参观 903 路车队，感受车队叔叔阿姨们每天是如何工作的。

第二阶段　实施阶段

（一）亲历体验

1. 准备：一架照相机，一支笔，一个本子。

2. 在体验过程中，先问清楚需要做什么工作、如何做。

3. 在家长的帮助下，开始体验父母的岗位。

4. 请家长帮忙拍摄下自己工作时的情景，也可以用笔记录下在父母岗位上工作的有趣事情。

（二）集体体验

1. 与公交 903 路负责人进行联系，周二下午将带领学生赴车站进行考察及岗位体验。

2. 体验了解：903 路的起始站与终点站是？中途经过了哪些站点？车队是如何调度车辆的？相隔多长时间发一班车？乘客高峰期在什么时候？……

第三阶段 展示阶段

（一）学生展示

1. 让我们出示照片，讲讲你在父母岗位上体验的收获。

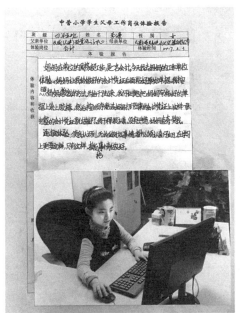 

（二）小组展示

请学生代表进行全班汇报。

记一次特别的体验活动

—— 走进 903 路车队

2017 年 3 月，在学校德育处的支持与协调下，我们班部分同学有幸乘坐 903 路公交车，去参观华苑小区公交站。它也是 903 路的终点站。

903 路车队的队长叔叔，热情地接待了我们。他兴致勃勃地带领我们参观了车队的荣誉室。一张张奖状贴满了荣誉墙，一张张获奖照片映入了眼帘。队长叔叔向我们介绍，903 路车队获得了天津市五一劳动奖状、天津市模范集体等荣誉。队长叔叔还向我们展示了903路车停靠站点一览表。从起点家乐中山路站，到终点站华苑小区站，共有33个站点。在每个站名的周围，还可以看到附近的旅游景点，方便市民在休息时间游览美丽天津。

我们还饶有兴致地参观了车站内的减压室。队长叔叔介绍，司机叔叔的工作极为辛苦，每天要开三个来回，一个来回需要三个小时，尤其是夏天，三个小时下来，心里极容易产生烦躁的情绪。司机叔叔可以走进减压室，通过运动的方式，让身心得到放松。当我们来到贵宾室后，司机叔叔们和我们召开了座谈会。他们在工作之余，与学校开展了联谊活动，向同学们宣讲安全乘车知识。比如：乘车时禁止打闹、喧哗；禁止携带烟花爆竹易燃易爆的危险品……903车队的叔叔们用自己的实际行动践行着雷锋精神，立足本职岗位，优质服务乘客；走进校园，宣传安全乘车知识。

作为雷锋中队的成员，我们也要像903车队的叔叔那样，立足本岗，刻苦学习，用优异的成绩回报母校，回报每一位教过我们的老师。

（三）活动小结

在父母的岗位上锻炼自己，可以让自己学习到课堂上、书本里学不到的知识，还可以提升我们的劳动技能，更可以帮助我们树立职业理想。

下个假期，让我们继续体验父母的岗位。

四、教后反思

学生体验的岗位各不相同，岗位虽小，但责任重大，特别是在倡导核心素养的今天，我们通过岗位角色体验活动，找准了培养孩子责任心的有效途径，凸显出孩子们成长中经历和体验的重要意义。

在父母的岗位进行实践体验，学生感受到了父母每天为了这个家付出的辛勤劳动，变得更理解父母，更懂得感恩。

以父母岗位为践行沃土，让孩子们自我锤炼、自由呼吸，为成为有责任担当的合格公民奠基。

制作全家生日表

一、活动背景

当学生一出生，就得到了全家人的细心呵护，但小时候的事情，可能在学生的记忆中有些模糊。通过制作全家生日表，学生再一次重温那些令自己感动的生活瞬间，让家人的细心呵护，积淀于学生的心间，每每想来，便有一种幸福在心中涌动。

二、活动目标

1. 认知目标：了解自己出生时的状况，了解自己和全家人的生日，制作一张富有创意的全家生日表。

2. 能力目标：培养学生的搜集能力、整理能力、绘画能力、购物能力，为家人准备一份有意义的生日礼物。

3. 情感目标：鼓励学生用自己小小的贴心为家人制造惊喜与幸福，培育学生感恩的情怀。

三、活动过程

第一阶段　准备阶段

（一）快乐调查

1. 师生分享：你是哪一天出生的呢？

2. 深入调查：在哪家医院出生的？出生时，体重多少？身高多少？……

快乐调查			
出生日期		出生地点	
出生时的身高		出生时的体重	
出生时的照片			
出生时的趣事			

（二）分享感受

1. 看了大家的快乐调查，很受感动，尤其是有的同学带来了家长细心珍藏的出生时的日历，有的同学带来了自己出生时系在手腕上的小卡片，有的同学给大家展示了自己出生时的小手印和小脚印……当你看到这些时，有什么想说的话吗？

2. 学生分享感受。

3. 是啊！这一件件物品，是那么沉甸甸的；这一件件物品，饱含了家人对你的真爱……你的出生日，一定深深地印刻在了你父母的心里。

4. 每年，你会收到谁送的什么生日礼物呢？

5. 每当你收到生日礼物，有什么感受？

第二阶段　实施阶段

（一）问卷小调查

1. 你知道家人的生日是哪天吗？发给学生每人一张问卷小调查。

问卷小调查			
爸爸的生日	年　月　日	妈妈的生日	年　月　日
爷爷的生日	年　月　日	奶奶的生日	年　月　日

问卷小调查			
姥爷的生日	年　月　日	姥姥的生日	年　月　日
的生日	年　月　日	的生日	年　月　日

2.给你家人的生日排排序，可以怎样排呢?

3.请你静思默想：如何设计一张全家生日表? 谈谈你的好创意。

（二）绘制生日表

1. 发给每人一张纸，可以用彩笔手绘，也可以用电脑进行设计，展现你的好创意，让你的浓浓的感恩之情融入全家生日表中，好吗?

2. 和你的同伴分享你的作品。

第三阶段　展示阶段

（一）分享学生作品

1.同学们，请准备好你的作品，和大家一起分享吧。

学生 1：我在图的正中间设计了一颗颗真挚的心，由此引出家人的生日。按照月份给家人的生日进行了排序，这样看起来，一目了然。

学生2：家人的生日写在了绿意葱茏的大树上，我希望家人能够像绿树一样，四季常青，永远那么年轻。

学生3：我把家人的生日绘制在了一朵美丽的花上，每一片花瓣上写上了生日，花朵的色彩是不一样的，预示着我们的生活也多姿多彩。

（二）分享学生创意

1. 你想过没有，每当临近家人生日的时候，你打算送什么礼物呢？

2. 学生分享：我会给爷爷、奶奶定一份报纸，让他们每天生活得更加充实；我会送妈妈一张自制的贺卡；我会给爸爸捶捶肩；我会送给弟弟一个遥控汽车……

3. 一张张生日表，表达了同学们心中的感恩，流露出了大家对家人的无限热爱……让这张漂亮的生日表永远印刻在我们的心中，每当家人生日临近时，送给他们一份特别的惊喜……

四、教后反思

在班级实践活动中，我播撒下了感恩的种子，让感恩教育在学生的心底绽放出美丽的花朵：引领学生制作一张全家生日表，并给家人送上一份特别的小礼物，让学生用自己小小的贴心给父母带来一份浓浓的感动。

在活动中，学生首先要做的是，搜集家人的生日。学生发挥了聪明才智，比如，询问家人、翻阅户口本。当学生翻阅户口本的时候，他们不仅看到了家人的生日，还看到了家人的籍贯、出生地，了解了家史。创作的过程，正是学生把自己浓浓的爱画进生日表的过程。学生发挥了创意，他们想到了绿树，想到了红花，想到了气球……一幅幅有创意的绘画中饱含了学生的感恩。

让实践活动融入幸福家庭，让学生深深地懂得：感恩是一种生活态度，感恩更是人生最大的美德。

装扮我的小书架

一、活动背景

学生的成长中，不能缺少一个小书架，或是一个小书橱（下文统称为小书架，不再作具体区分）。环境的育人功能是十分重要的。当学生有了一个小书架后，他们可以自由地挑选图书，阅读后放回原处，这有利于培养学生良好的行为习惯。

一段时间后，鼓励学生收拾自己的小书架，这是在培养学生的劳动意识，学会把小书架乃至自己的书房装扮得更加漂亮，提升独立生活的能力。

记得苏霍姆林斯基说过，一个人以乐观的态度对待世界，从而获得了最高的乐趣——进行创造的乐趣，劳动的道德意义就在于此。这实际上是一种自我教育。如果少年们不是从童年起就习惯于劳动，那么对他们来说，就谈不上什么劳动的乐趣。

装扮我的小书架，对学生来说，就是一种劳动教育。

二、活动目标

1. 认知目标：学习给藏书分类，阅读"读书"二字，读懂"读书"的内涵，阅读有关"读书"的格言，学会积累。

2. 能力目标：在实践中尝试，把小书架装扮得更加漂亮，掌握劳动方法和劳动技能，提升生活技能。

3. 情感目标：在实践中，激发学生对读书的热爱，对劳动的热爱。

三、活动过程

第一阶段　准备阶段

（一）确定主题

1. 给大家分享一则故事——《吕南的大书架》。

1964年诺贝尔生理学或医学奖得主吕南出生并一直生活在慕尼黑。吕南的父亲是慕尼黑工业大学年轻有为的机械工程学教授，母亲是德国西部一个著名工厂主的女儿，家境很好。

家人为吕南提供了优越的学习条件，玩具、图书应有尽有。父亲还在自己的书房里专门为他做了大号的书架，让他摆放自己的图书和玩具。父母经常在他的书房里同他一起玩、一起读书，这些自然都有助于小吕南的智力开发。因此，吕南从小喜欢思考和发问，经常以知识丰富而得到老师的夸奖和喜爱。吕南上学后，书房成了家人晚上相聚的地方，他们经常在这里交流，一般都是吕南讲，父母听，偶尔父母会插上一句话，这是很多邻居美慕的一幅温馨画面。

吕南以优秀成绩完成了从小学到中学的学业，19岁被慕尼黑大学化学系录取。

2. 听完了这则故事，你有什么感想呢?

学生1：我觉得成长中，离不开书的指引，在书中可以汲取到很多的智慧。

学生2：我觉得阅读会让我们有更大的进步。

学生3：我也要和书交上朋友，每天读一篇小文章。

学生4：我回家，也要让爸爸妈妈给我准备一个小书架。

3. 是啊！拥有属于自己的小书架，就等于拥有了一座知识的宝库。这次实践活动，我们一起来装扮自己的小书架。

（二）自我盘点

1.回去之后，先来统计一下自己的藏书。

2.如果没有小书架，那怎么藏书呢？请你开动脑筋，因地制宜，比比谁最有创意。

第二阶段　实施阶段

（一）亲身实践

1.同学们，要想让自己的小书架更漂亮，那就要先学习。跟谁学习，学习什么呢？

学生1：我觉得可以先到图书馆里去学习，看看那里是如何给书分类的。

学生2：我觉得可以到书店去学习，学习书的摆放，学习书的分类。

2.如何将你家的书分类呢？

装扮我家的小书架			
藏书地点		藏书数量	
藏书分类			
配以装饰			

（二）美拍小书架

1.整理好小书架，拿起相机，拍下一张照片哦！

2.参加班级"最美书架"的评选。

第三阶段　展示阶段

（一）分享藏书量

1.同学们不仅喜欢读书，而且还喜欢藏书，你家里有多少本图书呢？

学生1：我们家大约有100本藏书。

学生2：我们家有两个书架、两个装书的大箱子。

学生3：我们家大约有100多本书，每个星期我还要去图书馆借书。

学生4：我家大约有75本，大多是从同学、图书馆那里借阅的。

学生5：我的藏书有150多本，我妈妈的藏书有200多本，我爸爸的藏书可以说是不计其数。

（二）分享小书架

现在，让我们走进同学们的家里，去看一看他们的小书架。请小主人为大家介绍介绍吧！（略）

（三）评选最美小书架

韩议萱的最美小书架　　　　　　　　　詹晗茜的最美小书架

（四）阅读"读书"二字

1.同学们不仅要藏书，更要读书。请大家看我写一个词语——读书。

2.什么是读书？

学生1：读书是让心灵在书中旅行，在书的海洋中汲取知识的浪花。

学生2：读书，就是阅读书籍，走进作者的心灵深处。

学生3：读书，可以教会我们许多做人的道理。

学生4：读书，可以让我们开阔眼界。

学生5：读书，就是向书索取知识，为自己的脑海添上一捧知识的泉水。

学生6：读书，就是阅读知识，阅读智慧，阅读道理，阅读人生，让我们与书交朋友，与书融为一体。

3.让我们走近繁体字"读书"。

班主任：这个"言"代表什么？

学生：代表"说"。

班主任："贝"，古时候是什么意思？

学生：是"钱"的意思。

班主任：古人觉得，"读书"需要"用钱买书"，这个"四"是人的"眼睛"。整个"读"字，就是说，动口说，多买书，多读书，理解了，你就能成为上面的"士"，一个有本领、有能力的人。

班主任：繁写的"书"上面是个"聿"，表示"笔"，大家知道"笔"是用来做什么的？

学生：笔是用来写字的。

班主任：下面是个"曰"，有人说就是用笔写自己的每一天。一个人为什么读书、怎样读书，怎么写、写什么，全在这两个字上了，真是太奇妙了。

（五）分享"读书"格言

1.同学搜集了许多有关读书的格言，作为了自己的座右铭。能不能和大家一起来分享你的读书格言？

学生1：我的座右铭是，读一本好书，就是和许多高尚的人谈话。我认为，和一个高尚的人谈话，会为我们的生命增添一抹新的色彩。

学生2：我的座右铭是，读了一本好书，就像交了一个益友。我认为，书就像一位名师，一个朋友，他会把他所知道的知识都传授给我们。

学生 3：皮罗果夫说，一本书就是一个好的社会，它能陶冶人的感情与气质，使人高尚。我觉得，好书不仅能让我们阅读到知识，还能读出道理、思想、未来，培养我们的高尚品质。

2. 同学们说的真好，读书可以开阔眼界，还可以教我们学会做人。未来的日子，希望大家的藏书越来越多，更希望大家读过的书越来越多。

四、教后反思

通过这次实践活动，我深深地感悟到：为了孩子的成长，请为他建立一片属于自己的"小天地"吧。

培养孩子爱读书，首先从培养孩子爱听书开始。每天晚上，让孩子从小书架里挑选一本自己喜爱的书，家长坐在孩子的身旁，声情并茂地读给孩子听。家长读完，还可以让孩子给家长复述，锻炼孩子的表达能力，同时也要悄悄地告诉孩子：一定要认真听哦！

当读完了一本书，在书的最后一页记录上" 年 月 日读完第一遍"；再次读完，记录上" 年 月 日读完第二遍"。在阅读过程中，还可以把喜欢的段落画上彩色的线。把读完的书放到小书架上，不仅收藏着自己喜欢的书，也收藏着自己阅读的痕迹。

随着孩子的藏书越来越多，可以为孩子刻制一枚卡通藏书章，可以盖在藏书的扉页上。这样，会增强孩子藏书、阅读的积极性。如果让孩子自己设计一枚藏书章，那就更有意义了。

每当出去旅游的时候，也要鼓励孩子从小书架上取一本心爱的图书，以备旅游途中欣然阅读。渐渐地，孩子就养成了一种习惯——走遍天下书为侣。

在家里给孩子摆放一个小书架，有助于孩子与书交上朋友，更有助于亲子一同阅读，形成浓厚的家庭阅读氛围，激发孩子的阅读兴趣。

阅读，会成就孩子的一生。

如何使用压岁钱

一、活动背景

每到春节，学生都会收到长辈给予的压岁钱，有的上百，有的上千。对于这样一笔压岁钱，如何使用它呢？这需要班主任的积极引导，指导学生如何消费，如何理财，在实践中让学生习得知识与生活技能，培养学生的独立人格。

二、活动目标

1. 认知目标：在活动中，使学生明白父母长辈给自己压岁钱的用意及其期望。

2. 能力目标：让学生将压岁钱合理规划与利用，养成节约用钱的好习惯，学会科学的理财方法。

3. 情感目标：让学生心怀感恩之情，向需要帮助的人奉献自己的一份爱心。

三、活动过程

第一阶段　准备阶段

（一）了解由来

1. 今年过年的时候，你收到了谁送的压岁钱呢？收到了多少呢？

2. 你知道压岁钱的由来吗？

传说古代有一个叫"祟"的小妖，黑身白手，他每年除夕夜里出来，专门摸睡熟的小孩的脑门。小孩被摸过后就会发高烧说梦话，退烧后变成痴呆疯癫的傻子。人们怕"祟"来伤害孩子，整夜点灯不睡，叫作"守祟"。据说嘉兴府有一户姓管的人家，夫妻老年得子，十分珍爱。在除夕夜，为防止"祟"来侵扰一直逗孩子玩，小孩用红纸包了八枚铜钱，包了又拆，拆了又包，睡下以后，包着的八枚铜钱就放在枕边。半夜里，一阵阴风吹过，黑矮的小人正要用他的白手摸孩子的头，突然孩子枕边迸出一道金光，"祟"尖叫着逃跑了。这件事传扬开来，大家纷纷效仿，在大年夜用红纸包上钱给孩子，"祟"就不敢再来侵扰了。因而人们把这种钱叫"压祟钱"，"祟"与"岁"发音相同，日久天长，就被称为"压岁钱"了。

还有一种说法是压岁钱源于古代的"压惊"。说是太古时有一种凶兽叫"年"，除夕夜会出来伤害人畜、庄稼。小孩子害怕，大人便燃炮竹驱赶"年"，用食品安慰小孩，即为"压惊"。年久日深，便演变为以货币代食物，逐渐发展为"压岁钱"。

3.听了这个传说故事，你有什么感受呢？

4.多么有趣的故事！它告诉我们压岁钱源自父母长辈对我们的关爱。

（二）确定主题

1.今天是开学第一天，还没有出正月，老师给大家拜个晚年。同时，老师还为大家准备一个压岁包，每人一个，打开后，里面有惊喜哦！

2.新学期，老师希望大家学习有进步，天天快乐。

3.开学之际，正式开启我们班的"如何使用压岁钱"综合实践活动。

第二阶段　实施阶段

（一）问卷调查

1.给大家一张压岁钱小问卷，请你填一填。

称　呼	金　额	称　呼	金　额

2.集体分享。

（二）分享趣事

1.说说你收到压岁钱时有趣的故事。

学生1：寒假里，跟爸爸去宝岛台湾旅游，爸爸在买东西时，售货员找了两张新票，他小心翼翼地收好。春节那天，爸爸送我一个红包，我打开一看，是两张崭新的台币。

学生2：过年的时候，我也收到了爸爸妈妈给的压岁钱。那个红包很厚很厚，我打开一看，全是1元的，一共有100张。我都舍不得花。

学生3：寒假的时候，爸爸带我去邮局取全年的邮票。正好，柜台上出售丝绸红包，里面装有50国100张世界各国钱币。爸爸说，这就是今年送我的压岁钱！我太开心啦！

学生4：妈妈去澳大利亚出差时，给我带来了一个红包，里面装的是澳大利亚的生肖币。妈妈说，这是送我的礼物，也是送我的压岁钱。妈妈的压岁钱太有创意了。

……

2.每位同学，收到压岁钱的时候，都有一段有温情的故事。每一份压岁钱，都饱含了长辈对你的真挚的爱意。

第三阶段　展示阶段

（一）压岁钱的用途

1.小组讨论：你的压岁钱是如何使用的？

2.集体交流。

序　号	用　途	理　由
1	给家人买礼物	向长辈表达孝心
2	买书、订阅杂志	可以开阔视野，学习到知识
3	买学习文具	开学之际，准备好学习用品
4	交每月在校饭费	减轻父母的经济负担
6	交艺术班学费	让自己拥有艺术本领
7	帮助身边的伙伴	送人玫瑰，手有余香
8	旅　游	增长知识，开阔眼界

3. 如果你消费之后，还有很多剩余的压岁钱，你会怎么做呢？

学生 1：交由爸爸妈妈保管。有需要的话，需要向爸爸妈妈申请。

学生 2：用剩余的压岁钱，爸爸妈妈给我买了一份保险。

学生 3：爸爸妈妈带我去银行，把剩余的压岁钱存银行了，还可以得到利息呢!

……

（二）学会储蓄

1. 如何到银行储蓄呢？

2. 集体交流。

3. 请爸爸妈妈带你到银行之后，可以先开一个定期存折，然后把钱交给工作人员，最后领取存折就可以了。银行的定期存款，分定期 3 个月、定期 6 个月、定期 12 个月、定期 24 个月、定期 36 个月……

4. 假如现在某银行存款三个月的年利率为 3.00%，存款半年为 3.30%，一年为 3.70%，二年为 4.30%，三年为 5.00%，五年为 6.00%。

定期 1 年，存款 1000 元，年利率为 3.70%，那么到期后的利息就是 $1000 \times 3.70\% \times 1 = 37$ 元。

假如存定期三年，存款 1000 元，年利率为 5.00%，那么到期后的利息就是 $1000 \times 5.00\% \times 3 = 150$ 元。

如果存三个月，那么利息就是 $1000 \times 3.00\% \div 4 = 7.5$ 元。

（三）准备三个储蓄罐

同学们，今后，压岁钱可以分成三个储蓄罐来放：

第一个罐子贴上"日常需要"：可以用透明的罐子，你能看得到里面的钱，用于生活中购买学习用品、生活用品等。

第二个罐子贴上"梦想目标"：用来实现"自己的梦想"，比如玩具等。

第三个罐子贴上"投资账户"：钱攒到一定数量，可以将其存进银行。

四、教后反思

在这次实践活动中，引领学生进行调查，统计自己收到了多少压岁钱。继而鼓励学生分享收压岁钱过程中有情趣的、有温情的故事，让学生感受到长辈给予自己的浓浓的爱意。

我们讨论了怎样合理使用压岁钱这一内容，学生们交流了自己的使用情况，让他们的好经验在全班得以推广。此外，还和学生分享了如何将剩余的压岁钱存入银行，不仅支援国家建设，还可以得到利息。

这次实践活动，使学生懂得生活水平提高了，仍然要崇尚节俭，不随心所欲乱花钱，学会理财，合理利用压岁钱，培养正确的金钱观，学会感恩。

生活中的小窍门

一、活动背景

生活是一部大书，学生轻轻地翻开这部大书，从里面阅读到很多的直接经验和间接经验。这些经验的积累，会让学生更好地生活。生活也是有益的课堂，学生在生活中大胆尝试，积极实践，在生活的课堂里收获生存的能力。

引领学生捕捉生活中的小窍门，并体验这些小窍门，不仅可以使他们在生活中取得事半功倍的效果，还会激发他们的创新意识和实践能力，激励他们走进生活，开发、创造更多的小窍门。

在这次实践活动中，我将课堂向生活、向家庭延伸。学生在生活中，向父母学习，向同伴学习，向实践学习，拓宽了学习途径。"天地阅览室，万物皆书卷"，对于学生来说，这是一项重要的而且很有意义的学习活动。

二、活动目标

1. 认知目标：了解生活中的小窍门，并在生活中加以实践，不断总结、完善。

2. 能力目标：掌握多种学习途径，向父母学习，向同伴学习，向实践学习，提升学生的学习能力。

3. 情感目标：激发学生对生活的无限热爱，增强学生的创新意识和实践能力。

三、活动过程

第一阶段　准备阶段

（一）确定主题

1. 你在生活中有没有遇到过难题？什么难题？可以和大家分享一下吗？

2. 学生自由表达。

3. 在学生表达完自己遇到的难题时，教师随机追问：你是怎么解决这个难题的？继而总结其小妙招。

4. 你看，生活中，正是因为这些小妙招的出现，让我们的生活变得更加轻松、快乐。这次实践活动的主题就是：生活中的小窍门。

（二）确定内容

1. 你觉得你可以总结哪个方面的小窍门呢？

2. 那就从"衣食住行"四个方面，来搜集你在生活中看到的、听到的、亲身实践的小窍门吧。

第二阶段　实施阶段

（一）亲身实践

发给同学们一张记录表，随时把自己发现的、实践的小窍门记录下来，让学习更有收获。

生活中的小窍门	
衣	
食	
住	
行	

（二）锻炼厨艺

如果你想完成一道拿手菜，可以将自己的实践过程填写在下面的表格里。实践的过程中，一定要聘请一位导师哦！

做一个拿手菜活动方案					
活动时间		活动地点		活动指导	
菜　　名		食材准备			
活动步骤	买　菜	择　菜	洗　菜	切　菜	炒　菜
活动心得					

第三阶段　展示阶段

（一）生活中的小窍门——衣

1. 同学们在吃水果时，一不小心会把果汁滴在衣服上，那怎么才能消除这些果汁印迹呢？

2. 学生交流：衣服上出现了果汁印迹，可以将食盐放在果汁印迹上，用手揉搓，再用清水洗净，果汁印迹便消失了。

3. 你在洗衣服的时候，还实践了哪些小窍门呢？

4. 学生交流：洗衣服的时候，深色和浅色的衣服要分开洗，避免染色；洗白色衬衣的时候，我听妈妈说，她总要在领口和袖口抹上衣领净；毛巾使用久了，常常会湿湿黏黏的，用盐搓揉后，用清水洗净，就可以除去湿黏之物。

（二）生活中的小窍门——食

在锻炼厨艺过程中，你学习到了哪些小窍门呢？

学生1汇报：在实践"酥炸虾"这道菜时，用牙签在虾背的中间处扎进去，轻轻地向外一挑，一根细黑的虾线被挑出来了。这就是我做"酥炸虾"的小窍门。

学生2汇报：在制作凉拌土豆丝时，我把焯水后的土豆丝放在凉水中，这样土豆丝非常脆，口感很好，而且土豆丝颜色很白，很漂亮。这就是我在锻炼厨艺过程中获得的小窍门。

学生3汇报：在制作西红柿炒鸡蛋的时候，我首先在西红柿上用刀划一个"十字"，然后把它放在热水里，经过热水一烫，剥皮就非常容易了。西红柿和鸡蛋快出锅的时候，在菜里放一勺白糖，吃起来就不那么酸了，而且很鲜美。

学生4汇报：妈妈告诉我，去鱼鳞也有小窍门——把白醋刷在鱼鳞上，来回刷三遍，然后静静地等候5分钟，这时奇迹就出现了，妈妈戴上一次性手套，从尾部轻轻一掀，一大片鱼鳞就掉下来了。

（三）生活中的小窍门——住

你在生活中，还积累了哪些小窍门呢？一起和大家来分享吧。

学生1汇报：搪瓷茶杯中留下的茶垢和咖啡渍，很难擦掉，如果在杯内壁涂上牙膏后反复擦洗，一会儿就可以光亮如新。

学生2汇报：我也知道一个关于牙膏的妙用。水龙头下方容易留下水锈和水垢，涂上牙膏进行擦洗，很快就能清理干净。

学生3汇报：我听妈妈说，漂洗衣服和床单的时候，把花露水倒进去漂洗一会儿，衣服上的尘螨就消失不见了。

学生4汇报：我知道在家里如何节水。妈妈每次都把淘米的水、洗蔬果的水倒进厕所的大桶里，一部分用来浇花，一部分用来冲马桶。

学生5汇报：夏天晚上，睡觉时要开空调，可以调节到睡眠模式，这样既省电，还没有噪音的侵扰。

（四）生活中的小窍门——行

在出行方面，你积累了哪些小窍门呢？一起和大家来分享吧。

学生1汇报：奶奶有一张乘车卡，把卡放进了卡套里。有一次，乘车卡丢了，从卡套里掉出去了。后来，奶奶又买了一张乘车卡，把卡放进卡套之后，又用透明胶把卡套的口部封住了。这样，乘车卡就安全多了。

学生 2 汇报：在等车的时候，总是不知道公共汽车什么时候到站。爸爸在手机上下载了"车来了"APP。这样，站在公交车站上，就可以查询，车将在什么时候到站。这样出行，多方便啊！

学生 3 汇报：夏季乘飞机时，由于机舱开着空调，温度较低，可以带一件长衫上飞机。

学生 4 汇报：乘坐飞机，携带可以登机的行李箱，这样就可以节省托运行李箱和领取行李箱的时间了。

学生 5 汇报：热天出门，可以在胳膊上抹一些防晒霜，或者带一把遮阳伞，这样就不会被暴晒了。

（五）班主任小结

这真可谓是"生活处处皆学问"啊！生活就是我们的老师，希望同学们能够认真向这位老师学习，掌握更多的小窍门，在生活中获得事半功倍的效果！

四、教后反思

在班级生活中，我们常常引领学生向老师学习，向书本学习，却忽略了引领学生在生活中学习，在实践中学习，向父母学习，他们有着丰富的生活经验，他们也是学生的老师。

学生从"衣食住行"四个方面，向身边的人学习生活中的小窍门，并在生活中亲历实践，提高了自己独立生活的能力。

在锻炼厨艺的过程中，学生在爸爸妈妈的指导下，买菜、择菜、洗菜、切菜、炒菜，学生不仅掌握了做菜的窍门，还增强了劳动意识。每到周末，和爸爸妈妈学习炒一个菜，学生必将成为一位位热爱生活的人。在劳动中，更感受到了生活的美，生活的快乐。劳动的过程包含了辛劳，包含了智慧，更包含了创造的幸福。

在美好的生活中，在辛勤的劳动中，我相信，学生一定会健康、快乐地成长，未来一定会长成一棵棵参天大树。

第四辑　亲历别样生活

亲近可爱的动物

一、活动背景

　　一个和谐发展的人，首先应该能够与大自然和谐相处，生命教育应该从儿童做起。可以说儿童自出生开始就进入了亲近动物的敏感期，他们对身边的动物无所畏惧反而亲近有加，他们抚摸动物的皮毛和身体，亲吻动物的面颊和额头，犹如亲人一般。如果有幸能够饲养小动物，学生不仅能够爱护它们、亲近它们，还能够照顾小动物的饮食起居。在亲近动物敏感期得到满足和正确引领的孩子，将会珍爱动物，珍爱自己的生命，珍爱他人的生命，逐渐发展到珍爱大自然。

　　有人说，动物园是培养儿童爱心的地方。我鼓励家长带着学生走进动物园，这也是学生亲近动物的重要途径。走进动物园，学生可以观察到各种各样的动物，了解它们的形体、进食、生活习性等等，在"玩"中获得很多有关动物的知识。只有了解它们，保护它们才会成为可能，真正实现人与自然和谐相处。

二、活动目标

　　1. 认知目标：通过活动，学生要认识到动物是人类的朋友，了解它们的成长过程与生活习性。

　　2. 能力目标：初步学会收集、分析、处理资料的方法，能够主动交流、分享，在活动中学会合作、参与，增强创新意识。

　　3. 情感目标：激发学生爱护动物、保护动物的意识，增强学生热爱大自然的情感和社会责任感。

三、活动过程

（一）确定主题

1. 同学们，你们猜猜看？这是什么呢？（出示一张图片）

2. 是的，大家看到的，是一张天津市动物园的门票。有没有同学去过？

3. 你喜欢动物吗？有没有同学饲养过动物？能讲讲你们之间最有意思的事情吗？

4. 同学当中，有谁去过动物园？哪些动物给你留下了深刻的印象？为什么？

5. 未来的一段时间，让我们一起走近动物，关爱动物。

（二）自主讨论

1. 围绕着可爱的动物这一主题，我们可以开展哪些活动呢？

2. 学生自由讨论。

3. 组织学生交流。

（1）有条件的同学，可以饲养一种小动物，写写饲养日记。内容包括：它的外形、进食、生活习性……你们之间的有趣的、难忘的事情……

（2）有兴趣的同学，可以走进动物园，观察动物，写写你的活动收获。内容包括：动物的特别之处、分布情况、生存环境、现状……

4. 活动时间为两个星期，活动结束后，向大家展示学习收获。

第二阶段　实施阶段

（一）饲养可爱的小动物

1. 和你的爸爸妈妈商量一下，你们想饲养什么小动物呢？饲养过程中，每天撰写观察日记。这将是一件有意义的事情！

2. 发给学生观察日记表。

观察日记	
小动物的名称	
小动物的由来	
___年___月___日　　星期_____　　　天气_____	

（二）走进神秘的动物园

1. 如果有条件，可以让爸爸妈妈带你到动物园，去观察动物，上网搜索动物的资料，记录下你的发现与收获。

2. 发给学生观察记录表。

观察记录	
动物园的名称（自主选择）	天津市动物园、北京动物园、北京野生动物园、长隆野生动物世界、西安秦岭野生动物园……
动物的名称	

观察记录			
动物的照片			
动物的特点			
搜集资料			
寻找动物中的地震观察员			
动物观察员	地震前的反应		

第三阶段 展示阶段

（一）饲养可爱的小动物

1. 分享小动物的外形。

走进我家宽敞明亮的客厅，首先映入眼帘的是一个精致美观的大鱼缸，鱼缸里养了十多条可爱又淘气的鹦鹉鱼。它们大小不同，花纹不一，颜色各异。有的体型较大，额头上鲜红，总是一副绅士派头，那是"红头"；有的个头偏小，全身呈淡橘色，只有肚子是白色的，那是机灵乖巧的"小白"。

——柴琮轩

2. 分享小动物的性格。

虎虎（小狗）的胆子很小。有一次，我去大姑家玩，看见它和另外一只狗在争斗，它上去冲着那只狗大叫，那只狗也不示弱，也对它狂吠。它俩的声音越来越大，直到大姑让它别叫了，它才住嘴。旁边的主人也让他的狗别叫了。我想大姑家的虎虎可真勇敢，以后我带着它出去，我谁也不怕。转天，我就改变了想法。它又遇见了前一天的"敌人"。这时，大姑正和邻居们说话。它俩斗着斗着跑到了远处。它一看，主人不在身边，就有些害怕了。那只狗咬它，它也不敢还手。最后，那只狗把虎虎逼到了墙角。这时，机灵的虎虎趁那只狗不注意，飞快地跑回了大姑身边，好像在说："这下应该安全了吧！"

——杨博为

3. 分享小动物的活动。

它的步态非常缓慢，明明是像运动员般很努力地奔跑，可实际上没有走多远。有时它会中途停下，然后突然跃起一大步，继续向前行走。如果你用手指挡住它前面的路，它一定会头顶你的手指。因为它有永不放弃的精神。如果你在它休息的时候，触摸它的头或尾巴，它一定会奋力反抗，并且紧紧地把身体蜷缩在龟壳里。

——李林阳

4. 分享小动物的吃食。

小白很聪明。那次，我逗它玩儿，手比画着1+1，只见它迅速地跳上桌子，叼来一张"2"的字牌，我呆住了，心里不禁想：小白真是宠物界的明珠啊！

——李小萌

（二）走进神秘的动物园

1. 珍稀的动物——斑马。

学生以制作思维导图的形式进行汇报。

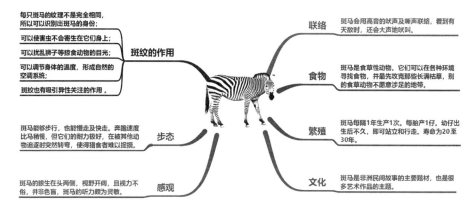

2. 珍稀的动物——熊猫。

学生通过查阅资料，用表格的形式和大家分享熊猫的成长过程。

时 间	特 点
5—7 天	眼圈、耳、前肢、肩部皮肤呈现黑色，白色胎毛变得浓密。
10 天	前肢可以支撑头部。
12 天	后肢皮肤出现黑色。
15—16 天	黑毛区长出黑毛。
23 天	腹部的无毛区开始长毛。
27 天	全身毛长齐，黑白。
30 天	体重大约是出生时的 2 倍。
36—58 天	两眼陆续睁开。
80—90 天	开始长出牙齿。
80—100 天	可以用四肢支撑身体，从试图站立到能够勉强站立。
100—120 天	会打滚，能正常走动。
120—180 天	活动时间增加，能够攀爬、跑动。

3. 珍稀的动物——虎。

学生分享了关于"虎"的发现。

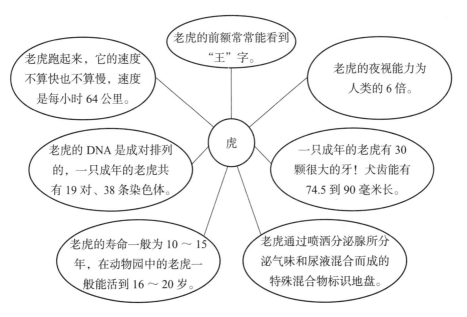

老虎跑起来，它的速度不算快也不算慢，速度是每小时 64 公里。

老虎的前额常常能看到"王"字。

老虎的夜视能力为人类的 6 倍。

老虎的 DNA 是成对排列的，一只成年的老虎共有 19 对、38 条染色体。

虎

一只成年的老虎有 30 颗很大的牙！犬齿能有 74.5 到 90 毫米长。

老虎的寿命一般为 10～15 年，在动物园中的老虎一般能活到 16～20 岁。

老虎通过喷洒分泌腺所分泌气味和尿液混合而成的特殊混合物标识地盘。

4. 动物的特异功能。

你知道动物有哪些特异功能吗?

学生 1：我觉得有的动物是地震观察员，比如乌龟、蟒蛇、鳄鱼等爬行动物，它们是最传统的敏感动物，并且最贴近地面生活，对次声波、低热感应非常灵敏。地震来临时，龟、蛇、蜥蜴等穴居动物一般表现为活动规律反常，冬眠期间大量出洞，成群结队，四处逃窜。

学生 2：我在阅读中发现东北虎、华南虎、孟加拉虎、非洲狮、狼、棕熊、黑熊等猛兽也是地震观察员。地震前，老虎非常恐惧，表现为瞳孔放大，胡须竖起，往后倒着走并发出连续的低嚎。

学生 3：我搜集到了动物预报地震的谚语——牛羊驴马不进圈，老鼠搬家往外逃；鸡飞上树猪拱圈，鸭不下水狗狂叫；兔子竖耳蹦又撞，鸽子惊飞不回巢；冬眠长蛇早出洞，鱼儿惊惶水面跳。

班主任：预测地震是一个世界级的课题，但是动物对地震的预感，远比人类敏锐。专家说，地震前地壳会发出一种声波，动物们对这种声波很敏感，受到感官刺激后，会出现行为异常。上世纪 70 年代，中科院动物研究所做了一组调查，调查显示有 58 种动物在震前确实有异常反应。这些动物既有野生的，也有家畜，比如熊猫、鱼、蛇、老鼠、蚂蚁、蜜蜂、猫、狗等。其中穴居动物如老鼠、蛇等，比地面上的动物感觉灵敏，小动物比大牲畜感觉灵敏。

5. 保护我们的动物。

动物是我们的朋友，我们该怎样保护动物呢？

学生 1：我要拒绝食用鱼翅，保护鲸鲨。由于人类大量食用鱼翅，导致鲸鲨濒临灭绝。

学生 2：到外面饭馆吃饭，我要拒绝使用竹筷子，那可是熊猫的美餐啊！

学生 3：我们要拒绝野鸟蛋。

学生 4：我们要保护长江，保护水质，因为那里是长江江豚的家。

班主任：是啊！保护动物，就要从生活中的一点一滴做起。保护我们身边的动物，保护我们的家园。

四、教后反思

经历了这次活动，我深深地感受到：让学生亲近动物，这是一种非常好的教育方式。要想把学生培养成有爱心的孩子，就要让学生亲近小动物。因为小动物与学生比起来，处于弱势，所以学生自然地想去照护它，呵护它，给它弄食物，给它弄水喝。在这样的过程中，学生体悟到了快乐，内心里会产生获得感和责任感，同时还学会了照顾他人的本领。

第一，学生收获了知识。

在实践活动中，处处包含了知识。学生要饲养小鱼，他需要学习小鱼喜欢吃什么，如何给小鱼换水……到动物园观察动物，他会看到动物的外形、颜色；他会了解到某一时间段，动物喜欢做什么；他还会看到园内对动物的介绍……当学生游玩归来，他会从网上、书里搜集有关动物的资料，这大大丰富了学生的课外知识。

学生搜集哪些资料，这当中应有班主任的引领，这一次的学习，是让学生从书里、网上寻找动物中的地震观察员。这一有趣的学习内容必将激起学生搜索的兴致。这样的知识，又有利于提升学生的自我防护意识。

第二，学生收获了美好情感。

与动物的亲密接触，让学生对动物产生了美好的深深的依恋，保护动物会成为学生自觉的行为。由此，我们讨论：在生活中，该如何保护动物呢？这一话题的讨论，让学生分享具体的保护措施，并自觉地落实到生活中。

这样的教育活动，内化于心，外化于行，让学生的心受到了洗礼。

亲历校园树文化

一、活动背景

走进美丽的校园，一棵棵树木高大挺拔，枝叶繁茂。学生每天置身其中，读书写字，在绿树间游戏，人与树结下了深厚情缘。树，成为了教育资源。厚重的树文化，感染着我们每一个人。

漫步在美丽的校园里，白玉兰、海棠、石榴树、柿子树……纷纷映入眼帘。我的心里积淀了这样一句话："树文化"要植根于学生的心田。古树名木，是树文化的载体。

一棵棵近百年的树木，它们本身也是一本本书，饱受风雨的洗礼，默默地挺立在校园中，成为校园文化中的元素。其实，近百年的树木本身就蕴藏着文化，它们可以成为我们的教育资源，这种资源是学生身边的，对于学生来说是熟悉的。

我利用这一熟悉的且厚重的资源，开展了一系列特色德育活动，更是把它作为了一项班本课程。因为熟悉，会有一种亲切感；因为亲切，更容易走进学生的心灵深处，在学生的心底留下深深的文化的印痕。

二、活动目标

1. 认知目标：观察校园中的树木，探究无花果的神奇特点，想象生命的起源，体会生命的过程，感悟生命的意义。

2. 能力目标：学会比较，在比较中认识事物间的差异。引领学生自主探究，培养学生的自主学习的能力。

3. 情感目标：阅读树木，感悟生命的顽强、生命的厚积薄发，从树上汲取成长的力量、生命的力量。

三、活动过程

第一阶段　准备阶段

（一）确定主题

1.同学们，你知道在我们的校园里，都有哪些植物吗？

2.学生交流：绿竹、海棠、白玉兰、柿子树、石榴树、桃树、枣树、红果树……

3.你认识下面两种植物吗？（出示连翘和樱花的图片）

4.学生交流：第一种是连翘，在扫云廊起始处可以看到它的身影。第二种是樱花，天井院里种有好几棵樱花树。

（二）确定内容

1.在今后的一个月里，我们要一一走近校园里的树木，为此，还制定一个学习表。让我们一起看一看。

序　号	植物名称	探究内容	学习方式
1	海棠、白玉兰	比较花期、花朵的特点	集体研讨
2	枣　树	想象枣树下的小枣树如何生长	集体研讨
3	树　桩	观察树桩周围的枝丫	集体研讨
4	柿子树、石榴树	观察植物的果实	集体研讨
5	无花果树	探究无花果树的特点	自主学习

2.让我们一起走近树木，了解它们的生长环境、形状和色彩等，让我们沉浸在树木的世界中，感受自然的魅力，体味生命的活力。

第二阶段　实施阶段

（一）走近海棠、白玉兰

1. 初冬时节，我常常看到大家聚集在中营小学百年纪念墙前的白玉兰周围。初春，白玉兰开花了。竹生亭面后的海棠也开花了。让我们一起看一看。（出示白玉兰花和海棠花的图片）

2. 比较"白玉兰"和"海棠"的特点。

种　类	花朵特点	花苞生长期	开花时长
白玉兰	硕大、芬芳	近四个月	一周左右
海　棠	小、密、艳	一周多	一周左右

3. 师生交流。

学生1：白玉兰的花朵非常大，有淡淡的香味，满树的花朵；但海棠花很艳丽，小，非常密。

学生2：白玉兰不畏严寒，在寒冬季节里，花苞都在努力生长。

学生3：白玉兰和海棠开花的时长很接近，但是它们的花苞生长期是不一样的。白玉兰的花苞要生长近四个月，海棠的花苞生长也就一周多。

班主任：白玉兰的花苞在这四个月里，努力地做一件事，你知道是什么吗？

学生4：我觉得它在努力生长，在汲取营养和力量。

班主任：这就是生命的——

学生5：厚积薄发。

（二）走近枣树

1. 你从这张枣树的照片（略）上，看到了什么？

2. 师生交流。

学生1：这是一棵大枣树，枝繁叶茂，秋天一定能结出很多的果子。

学生2：我看到大枣树的下面还有一棵细长的小枣树。

班主任：想象一下它们的身份，想象一下小枣树的由来——是一个怎样的日子，树上落下了一个怎样的枣子，它又是怎样吸收水分和阳光，破壳而出，一点点地扎根，一点点地生长……

学生3：一个秋日的下午，一棵茂盛的枣树上落下了一颗又红又大的枣子，它滚落到了枣树妈妈的脚下。天渐渐地黑了，枣子和枣树妈妈都熟睡了。就在夜深人静的时候，突然间，乌云布满了整个天空，枣子和枣树妈妈都被轰隆隆的响声惊醒了。

雨越下越大，枣树下积聚了两三洼小水坑，枣子顺势被冲到了小水坑里。

"孩子，别怕，有妈妈在！"枣树妈妈细心地呵护着自己的孩子。

"和妈妈在一起，我不害怕。"枣子是那么的勇敢。

第二天清晨，雨过天晴，太阳悄悄地爬上了天空。温暖的阳光照耀着大地。

3. 班主任小结：肖萌同学的想象力多么丰富！一粒枣就是这样在枣树妈妈的细心呵护下，慢慢地钻出了芽，一点一点地长高。

（三）走近树桩

1. 你知道这张照片拍摄于什么地方？

2. 师生交流。

学生1：这是在庭院里拍摄的。

学生 2：这是在校史陈列馆前拍摄到的。

班主任：看了这张照片，你的心震撼了吗？

学生 3：我的心受到了震撼，已经被锯掉了树干，只剩下一个低矮的树桩，它还可以活。

学生 4：它的生命力太顽强了。

学生 5：从树桩周围长出的枝丫太茂盛了。

班主任：那生命的意义是什么呢？

学生 6：我觉得生命的意义是顽强。

学生 7：生命的意义是不屈向上。

学生 8：生命的意义是努力生长。

班主任：每当路过这里，希望你能驻足脚步，凝视着它。你的内心就会获得一种力量：生命原来如此的顽强。

（四）走近柿子树、石榴树

1. 每当秋天来临，你从扫云廊一侧走过的时候，你会看到怎样一番情形？

2. 师生交流。

学生 1：我会看到树上挂满了果实。

学生 2：柿子树上挂满了小红灯笼，石榴树上，小红石榴露出了红红的牙齿。

学生 3：秋天，果树都丰收了。

班主任：是啊！秋天，是果树丰收的季节。树木，拥有四季。秋，是它们收获的季节。你们有四季吗？

学生 4：我觉得，我们也有四季，我们正处于春季，是播种的季节。

班主任：人生也有四季，要珍惜现在播种的季节，没有播种，何谈收获啊！

第三阶段　展示阶段

（一）走近无花果树

1. 扫云廊一侧，还有一种特别的树，你来认认吧。

2.这就是——无花果树。

（二）探究无花果树

1.无花果树是一种特别的树，它的身上隐藏着很多的小秘密。你发现了吗？

2.学生交流。

学生1：我从照片上，看到了这些青色的小球球就是无花果树的花。其他植物的花是向外开放的，无花果树的花却隐藏在青色的小球球中，这种花序被称为隐头花序。这种花真是太神奇了。

学生2：我剖开了30个无花果树的隐头花序进行观察。剖开后发现，无花果树的花序是雌雄异体，有些小球球是雌花花序，而有些是雄花花序。

学生3：既然无花果树的花序有雌雄之分，那么，雄花的花粉是怎么传播到雌花那儿的呢？一般的植物要么靠风传粉，要么靠虫传粉。无花果树的花序在小球球里，风吹不进去，看来只能是靠虫传粉了。

学生4：我从网上查到了资料，帮无花果树传粉的是黄蜂，它需要爬进无花果给花授粉。

学生5：雌性黄蜂通过一个狭窄的小孔钻入无花果产卵，然后死去。它的卵会孵化，其中雄性首先孵化，然后从无花果中飞出，寻找有雌性黄蜂的无花果进入，并与之交配，然后死去。雌性黄蜂携带受精卵和花粉飞走，开始新的循环。无花果则会将死去的黄蜂分解为可被植物吸收的蛋白质。

班主任：感谢几位同学的分享，正是他们的刻苦探究，为我们展示了无花果树的传奇。

四、教后反思

校园里种植了大量的花草树木。扫云廊一侧的绿地上有一株大枣树，出人意料的是大枣树下又长出了一棵小枣树。我带领学生驻足想象：想象它们的身份，想象小枣树的由来……学生兴致盎然地想象着生命的起源。

校史馆门前有个低矮的树桩。每当盛夏时节，我都会带领学生去观察低矮的树桩，因为它并没有失去生命，你会看到树桩的四周总会长满绿油油的枝丫。学生站在低矮的树桩前，总会由衷地赞叹它的生命力是如此的顽强。

树，植根于校园，和学生一起默默地成长。树，是学生无声的榜样。树，给学生讲述着生命的起源、生命的顽强、生命的厚积薄发。树，在成长；学生，从树上汲取了成长的力量、生命的力量，获得了精神的成长。树木，包蕴着深层次的生命文化，阅读树木，对话树木，浸润树木的生命文化，于内心，于行动，于生活。

教育的资源无处不在，挖掘身边的教育资源，学生会有一种亲近感。挖掘教育资源中的文化因素，在对话过程中感悟文化，它会犹如春雨浸润到学生的心田。教育的至高境界，就是浸润式地教育。

让树文化，静静地浸润到学生的心田，若干年后，学生就会长成一棵棵参天大树，成为栋梁之才。

开开心心写日记

一、活动背景

日记是记叙文性质的应用文。日记的内容，来源于我们对生活的观察，因此，可以记事，可以写人，可以状物，可以写景，也可以记述活动，凡是自己在一天中做过的，或看到的，或听到的，或想到的，都可以是日记的内容。鼓励学生养成记日记的习惯，有助于学生养成一日三省的习惯，还可以为习作积累生动的素材。热爱习作的学生必定会热爱生活。

二、活动目标

1. 认知目标：了解日记的格式，知道日记的内容来自对生活的观察。

2. 能力目标：引领学生学会运用自己的小帮手——眼、耳、鼻、口、手，在生活中观察，在观察中发现，在发现中思索，捕捉日记的素材。

3. 情感目标：通过阅读《雷锋日记》，帮助学生形成正确的人生观、世界观、价值观。培养学生记日记的好习惯，培植学生热爱生活的美好情感。

三、活动过程

第一阶段　准备阶段

（一）分享故事

1. 我非常愿意和大家分享一个故事——《随身带着笔记本》。

俄国著名作家列夫·托尔斯泰生前坚持写日记。他说："身边要永远带着铅笔和笔记本。读书和谈话时碰到的一切美妙的地方，都把它记下来。"有一次，一位客人来看他，刚谈了几句话，托尔斯泰就掏出本子来记。客人奇怪地问："你往本子上记什么啊？"托尔斯泰说："我记的就是你。""我有什么好记的？""什么都可以记，世界上什么东西都是有趣的。"

2. 听了这则故事，你有什么感受呢？

（二）确定主题

1. 在未来的日子里，我们也开启"日记之旅"，用美妙的文字记录下你生活中的每一天。

2. 未来的日记里，大家可以读一读雷锋叔叔写的日记，书名为《雷锋日记》，喜欢的还可以背一背，或者是抄录到采蜜集中。

第二阶段　实施阶段

（一）分享雷锋日记

1. 阅读了《雷锋日记》，能不能和大家分享一下，你最喜欢的是哪篇日记？

2. 学生分享交流。

学生1：我觉得雷锋叔叔把自己的思考写进了日记里。

6月7日

……如果你是一滴水，你是否滋润了一寸土地？如果你是一线阳光，你是否照亮了一分黑暗？如果你是一颗粮食，你是否哺育了有用的生命？如果你是一颗最小的螺丝钉，你是否永远坚守在你生活的岗位上？如果你要告诉我们什么思想，你是否在日夜宣扬那最美丽的理想？你既然活着，你又是否为未来的人类的生活付出你的劳动，使世界一天天变得更美丽？我想问你，为未来带来了什么？在生活的仓库里，我们不应该只是个无穷尽的支付者。

学生2：雷锋叔叔也爱阅读，在日记里写下了自己的读后感。

11 月 26 日

我学习了《毛泽东选集》一、二、三、四卷以后，感受最深的是，懂得了怎样做人，为谁活着……

我觉得要使自己活着，就是为了使别人过得更美好。

我要以黄继光、董存瑞、方志敏等同志为榜样，做一个热爱祖国、热爱人民，永远忠于党、忠于人民革命事业的人。

学生 3：雷锋叔叔的日记里，还有勉励自己的话。

6 月 5 日

要记住：

"在工作中，要向积极性最高的同志看齐；在生活上，要向水平最低的同志看齐。"

学生 4：雷锋叔叔把自己一天中的所做所感写进了日记里。

11 月 × 日

我们在建设焦化厂当中，住不好、吃不好和工作环境不好等，这些困难都是暂时的、局部的，可以克服的。只要我们有叫高山低头、河水让路的气概，是没有战胜不了的困难的。

3. 每一篇日记，无论长短，都给我们以深深的启迪。把你喜欢的日记，或是日记中的某些句子背诵下来，积淀心中，它会照亮我们前进的道路。

（二）分享日记内容

1. 你觉得翻开日记本，我们可以记录下什么内容呢？

2. 学生自由发言。

3. 教师小结：日记的内容，包罗万象，可以记事，可以写人，可以状物，可以写景，也可以记述活动，凡是自己在一天中做过的，或看到的，或听到的，或想到的，都可以是日记的内容。

（三）分享日记格式

1. 怎样完成一篇日记呢？

2.学生自由分享。

3.教师小结：先在第一行中间写上某月某日，星期几，有的还要写上当天的天气情况；第二行空两格开始写正文，转行要顶格；日记的内容要真实，自己怎样想，就怎样写，不要说假话，正文的篇幅可长可短，长的可以写成几百字，短的可以只写一两句话。

4.从明天开始，准备一个日记本，开启你的"日记之旅"吧。

第三阶段　展示阶段

（一）分享你的日记

1.翻开你的日记本，和大家分享分享日记吧。

2.分享趣事。比如陈俊心同学的分享：

7月21日　星期日　晴

今天，当我给鱼缸换水的时候，有的小鱼顺着胶管流到了盆里。这时，就要让我这个捕鱼能手来显身手了。我拿起小碗，先把小鱼堵在一个角落，再把小碗往下伸，然后迅速一抬，小鱼就乖乖地跑到碗里来了。连爸爸都佩服得目瞪口呆。不一会儿，两条小鱼就被我"缉拿归案"。接着，爸爸把水换好，我再把这"乖乖鱼"放回水中。

哈哈，大功告成，小鱼又生活在清澈的水里啦！

3.分享课堂故事。

11月7日　星期二　晴
说汉字中的"点"
王芃然

今天的研习课上，老师讲了一些带有"点"的字，比如：乌、兔、雨、火、瓜……让我来为大家介绍介绍这些带有"点"的字吧。

我们先说"乌"，"乌"中的"点"，指乌的眼睛；"兔"字的"点"就像它那短短的尾巴；"雨"中的四个"点"，毫无疑问，就是细细的雨点了；

还有"火"的"点"，就好比腾起的火苗；然后是"瓜"，"瓜"的外面也就是包着"点"的部分，多像瓜架啊，而连着"点"的竖提就是瓜茎，这个"点"呢，必定就是小瓜了；再说"市"字，在以前指的是"集市"，"市"字中有个"巾"，要卖毛巾，当然是把它挂起来，所以"市"字中的横就是用来挂衣服的绳子，那"点"就是用来夹住衣服的夹子了。

真没想到，一个小小的"点"，却藏着那么的奥秘啊！

（二）分享教师的日记

1. 记得2014年，我跟随天津市未来教育家代表团赴澳大利亚学习，我几乎每天写一篇日记，很愿意和大家分享。

2014 年 11 月 18 日　星期二　晴

悉尼，一幅天然的风景画

王振刚

清晨7点30分，我们走下飞机。两个小时之后，我们走出澳大利亚国际机场。

啊！久违的蓝天！湛蓝湛蓝的天空中，飘拂着朵朵白云，犹如蔚蓝的大海中涌起了朵朵浪花。浪花大小不一，飘拂不定，假若这碧蓝的天空中，没有了它，一定会显得很单调。朵朵浪花是万里长空最好的装饰。

我们乘坐大巴车驶向驻地。一路上，我们看到了海港大桥，还看到了它对面的闻名世界的悉尼歌剧院。它们是那样的熟悉，又是那样的陌生。曾经在电视上，在明信片上，我不止一次地与悉尼歌剧院相遇，这一次，是真的对面而视，且"相看两不厌"。

我拿起手机，拍下了一幅美丽的风景画。天蓝蓝，海蓝蓝，天与海遥相呼应。蔚蓝的天空上浮动着或大或小洁白的云朵；湛蓝的大海上涌起了层层浪花。真不敢相信自己的眼睛，天地之间宛如被水洗过一般，蓝得透亮，蓝得自然。在这水天相依的美丽画卷里，雄壮的海港大桥与柔美的悉尼歌剧院遥相呼应。海港大桥是一座外形如"衣架"的大铁桥，它的高大伟岸注定了它不凡的地位。它是连接港口南北两岸的重要桥梁，也是展现悉尼的一个古老符号。它建于约100年前，当时的悉尼市仅有6辆汽车，可大桥设计者以超前的眼光，设计了双向四车道，两侧分别设计了人行道，预留出了火车道。目前，专家预言，这座大桥还可以继续使用至少100年。悉尼歌剧院，我始终觉得它像一架帆船。其实，是我错了。1952年，悉尼向全世界征集歌剧院的设计图。一位丹麦人的设计草图走进了人们的视野，所有的人看到后都觉得像帆船。其实不然，丹麦设计者最初的构想是橘子瓣，这些橘子瓣倘若拼在一起，恰恰是一个球体。这座歌剧院建造了16年。最令人折服的是建筑物的细节。这么一座大型歌剧院采用了黄色和白色墙砖，从歌剧院建造竣工至今，它从未被人清洗过，但依然洁净如新。设计师赋予了它自动清洗功能，黄色的砖立下了汗马功劳。

蓝天下，我们坐在车上欣赏着美丽壮观的建筑，问候着悉尼这座美丽的城市。我再一次快速地按动快门，蓝天，白云，大海，浪花，海港大桥，悉尼歌剧院，飞翔的海鸥，奔跑的汽车，玩耍的孩子……定格在了美丽的风景画中。

这幅风景画，没有经过摄影师丝毫的修补，没有经过任何人的丝毫裁剪，是真真切切浮现出我眼前的风景画。

回到住所，我把这幅风景画设定为电脑墙纸。看着它，我仿佛呼吸到了清澈又夹杂着树香花香的空气，脸颊好像被凉爽的海风拂过一般。

2. 我还愿意和大家分享一下这篇日记的创作思路。

这篇日记中，着重进行了景物描写。首先，要想把景物写活，富有灵性，那一定要使用拟人的修辞方法。如文中提到的"相看两不厌""在这水天相依的美丽画卷里"等。要想把景物写美，话中有画，那一定要使用比喻的修辞方法。如文中提到的"犹如蔚蓝的大海中涌起了朵朵浪花"。

其次，写景要注重表达有序。第四自然段按照了从上到下的顺序，再描写左右两侧的景物，从表达上做到了有序，有条理。当描写"海港大桥""悉尼歌剧院"的外形时，前者采用了比喻的修辞方法，刻画出其形态；后者融入了鲜为人知的且趣味盎然的故事，这一定会吸引读者的眼球。"悉尼歌剧院，我始终觉得它像一架帆船。其实，是我错了。"这更是激发了读者的阅读兴致，往往是先写非事实的内容，再写它的真实状况，一定能吊起读者的胃口。

日记的结尾富有新意，含蓄地表达了我的愿景。这是通过联想的方式，流露出了对美好环境的渴求。同时，又让这幅美丽的风景画静动结合，让读者如临其境，如闻其声，如观其形。表达感受，切忌直白地表达，那绝对不是高明之举，含蓄地表达会给读者留下回味的余地。这样，日记就达到回味绵长的境地，那自然就是一篇好日记了。

3. 写日记是一件非常美好的事情。让写日记成为一种习惯！因为创作会成为开启自己心扉的钥匙，创作的力量却有可能改变自己的生命。

四、教后反思

指导学生养成写日记的习惯，可以培养学生具有多种爱好，因为要想写好日记，就需要认真观察与体验。在这个过程中，学生多了一份爱好，增添了一份志趣。

写日记可以帮助学生积累丰富的词汇，提高学生的习作水平；写日记也有利于学生不断反省自己，帮助孩子构想理想中的自我，不断发现自己生活中、学习中存在的不足与问题，从而激励孩子不断地克服惰性，养成良好的习惯，一步一步走向成功；还有，写日记需要坚持，写日记是培养孩子恒心的重要途径。

写日记可谓是好处多多，一定要让学生养成"爱写"的好习惯。

结交远方小伙伴

一、活动背景

随着社会的发展，科技的突飞猛进，交往能力已被视为一种生存的能力，被纳入未来人才的必备素质之一。小学生正处于心理与行为发展的关键时期，他们迫切需要更多的交往。

一直以来，班上的绝大多数学生都是独生子女。生活中，独生子女与同伴的交往在一定程度上受到了限制。在课余生活中，他们常常会感到孤独与寂寞。新时代的学生更加渴望精神生活的丰盈，因此，组织学生开展"结交远方小伙伴"的综合实践活动，是现实的需要，也是成长的需要。综合实践活动只有满足学生内心成长的需求，学生才会积极地、投入地参与其中。

二、活动目标

1. 认知目标：通过主题活动，学生学会书信的格式，学会自由表达，介绍自己，介绍家乡……学会书写信封，体验寄信的滋味——充满了期待。

2. 能力目标：在与远方小伙伴的书信往来中，学生从文字间吸收更多的社会信息，丰富知识，开阔视野，培养与同伴交往的能力，更有助于提高学生自我教育的能力。

3. 情感目标：在书信往来中，学生倾诉内心的快乐、苦闷、忧愁……，有利于学生与同伴交流感情，调节情绪，促进学生的身心健康发展。

三、活动过程

第一阶段　准备阶段

（一）确定主题

1.（教师在黑板上写下"友"字）我相信，每一位同学都认识这个字。生活中，每位同学都有自己的好朋友。好朋友，是自己在生活中的玩伴，也是自己郁闷时的开心果……你想不想结识一位远方的好朋友呢？

2.让我们一起"结交远方小伙伴"。

（二）自主讨论

1.怎样才能结识一位远方的好朋友？开动脑筋，小组成员讨论讨论。

2.分享学生的想法。

（1）在 QQ 中按条件查找陌生人。

（2）在 QQ 中扔出一个漂流瓶。

（3）请外地亲戚（小伙伴）介绍身边的伙伴。

（4）从儿童报刊中寻找笔友。

……

3.讨论：比较每种方法的利与弊，选出最佳交友方式——从儿童报刊中寻找笔友。

（三）规划内容

1. 当你从儿童报刊中，确定了一位想结识的笔友，你和远方的小伙伴可以开展哪些活动呢？再次发挥你的聪明才智，和小组的同伴分享吧。

2.分享学生的想法。

（1）设计小名片。

（2）制作交友卡。

（3）写一封书信。

（4）寄特别礼物。

（5）制新年贺卡。

3. 未来的一个学年中，老师期待你们能够增长知识，锻炼才干，更期待看到你们精彩的表现。

第二阶段　实施阶段

（一）设计小名片

1. 为自己设计名片，可以让对方通过阅读名片，对你有了更多的了解。你想在你的名片上展示哪些内容呢？

2. 交流：可以展示姓名、性别、出生、爱好、喜欢的偶像、喜欢的图书、喜欢的格言、获得的奖项……

3. 发给学生每人一张白色名片卡，独立设计个人名片。如果在设计过程中，遇到了困难，可以请老师来帮助你。

4. 展示自己设计的名片。

（二）制作交友卡

1. 你和远方小伙伴的通讯地址、电话、QQ 号，应该记录下来，写在一张纸上，这样联系起来就十分方便。为此，建议大家可以制作一张交友卡。交友卡上除了写下双方的通讯地址、电话、QQ 号之外，还可以写什么呢？这又是一项有意思的设计活动。请你开动脑筋，大家集思广益。

2. 交流：可以贴上双方的照片，可以写下自己的愿望，可以给对方写下祝福语……

3. 请你设计一张交友卡，全班评议后，推选出最佳交友卡进行印制。

4. 展示学生设计的交友卡，并进行全班交流、评议、推选。

5. 确定最佳交友卡。

有朋自远方来，不亦乐乎？ ——"手拉手，结交远方小伙伴"					
姓　名			姓　名		
校　名		照　片	校　名		照　片
班　级			班　级		
职　务			职　务		
地　址			地　址		
邮　编		QQ号码	邮　编		QQ号码
电　话		邮　箱	电　话		邮　箱
祝　福			祝　福		

（三）写一封书信

1. 给远方的小伙伴写一封书信，你可以写什么内容呢？

（1）介绍你自己。

（2）介绍你的家庭。

（3）介绍你的学校。

（4）交流你的阅读感悟。

（5）聊聊你的家乡特色。

（6）说说你的爱好。

（7）讲讲你看到的、听到的新鲜事。

（8）分享你愿意分享的内容。

2. 分享书信的格式。

```
亲爱的小伙伴：
    你好！
    （正文）



    祝
身体健康，学习进步！


                                你的伙伴：×××
                                ××年×月×日
```

3. 铺开稿纸，给远方的小伙伴写一封书信。

4. 展示书信。

天津郭瀚文同学写给甘肃陈涛同学的一封信

好友陈涛：

    你好！

    我是你的死党郭瀚文，由于前些天考试，进入了紧张的复习，所以没有与你通信，心里很是想念你。现在考试结束了，也放松了，咱们今天就聊个够。

    我是新转过来的，在四年级五班读书。告诉你，每个星期里，我最喜欢上星期五下午的最后一节课，这一节课是兴趣小组活动课。你知道我在哪个小组吗？告诉你，我在抖空竹小组。教我们抖空竹的老师是教我们英语的刘老师，我们小组的同学不仅会抖双轴的，有的还会抖单轴的。

    我再告诉你一个小秘密：其实，我想参加鼓号队，只不过没有名额了。最后我只好选择了抖空竹。下学期，我打算参加航模小组，我看见航模小组的同学在操场上快乐地放飞电动飞机，真是太帅啦！

    虽然我们没有见过面，但我们还是增进了一份了解，拥有了一份友谊。

我真心地希望我们之间架起的这座友谊桥永恒！

　　此致

敬礼！

友：郭瀚文

1 月 20 日

5. 学写信封。

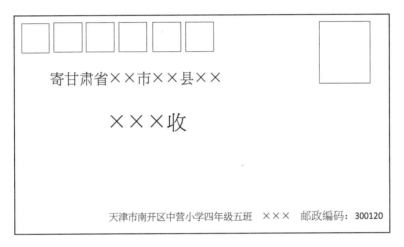

寄甘肃省××市××县××

×××收

天津市南开区中营小学四年级五班　×××　邮政编码：300120

6. 邮局寄信。

　　排好队，和学生一起来到邮局，买邮票，买信封，写地址，投邮筒。信寄出去了，也寄去了我们的一份期待，一份美好的祝愿。

（四）寄特别的礼物

1. 让"手拉手"活动持续地开展下去，现在你已经对小伙伴有了了解，可以寄给远方的小伙伴特别的礼物，增进彼此的友谊。你想想看，你送给远方的小伙伴什么礼物呢？

2. 小组开始讨论。

3. 分享你的想法。

礼 物	理 由
家乡的种子	播种下一份期待，观察植物的生长过程
自制的书签	制作一枚书签，每日阅读，每日陪伴在你的身边
喜欢的图书	可以和你的小伙伴，互换喜爱的图书
漂亮的剪纸	你可以自己设计，自己动手，自己创作
……	……

（五）制新年贺卡

1. 当远方小伙伴过生日的时候，你给他制作一张生日贺卡；新年到，你制作一张新年贺卡寄给远方的小伙伴。他一定会感受到你的情意，你的深深的祝福。

2. 学习写祝福语。

友谊就像青春里的一道彩虹，光芒四射，你我要成为永远的朋友，新的一年马上到来，祝你心想事成，万事如意！

雪，舞出温馨；雾，弥漫情意；风，鼓荡思念；钟，敲来平安；新年，送出问候；祝福，温暖心灵：愿你在春的脚步声中畅享快乐幸福！新年快乐！

蓝天为纸，清风为笔，祝福为星，描上白云，奉上月亮，送给正在看贺卡的你，祝新年快乐、生活如诗如画、好事连连、好梦成真！

第三阶段　展示阶段

当同学们把信寄出去之后，他们盼啊盼啊，终于，远方小伙伴写来的回信寄到了学校的传达室。他们惊喜地拆开信封，激动地阅读着——

甘肃陈涛同学写给天津郭瀚文同学的一封信

我的朋友郭瀚文：

你好！

我们是好朋友，因为朋友之间无话不谈，所以我今天就给你说个够。

恕我直言，说实话你那字真有点不好看，让人看起来很不舒服，希望你能把字儿写得再美一点，这样让人看起来就舒服多了。

虽然我没有你那么帅气，但是我知道，一个人不管外表怎么样，只要内心是善良的、纯洁的，这就足够了。你知道吗，我们瓜州这里可是行行出状元啊！

你不要以为我们这里没有自来水，其实我们这儿有山有水，有树木有花草，我们用的是自己发的电，吃的是自己家种的粮食。去年，我们瓜州建了一个水上公园，里面可好玩了，有大水球、自动飞机、假山、湖水、游船，在游船上还可以钓鱼呢！

说说我的家庭情况吧。我们家有四口人，爸爸妈妈、我，还有妹妹，两女两男公平吧！

我先说到这，下次再跟你说！

此致

敬礼！

你的朋友：陈涛

2月20日

四、教后反思

一直以来，我们开展"结交远方小伙伴"的综合实践活动，学生报以浓厚的兴趣，乐于参与。这项活动有效地帮助独生子女克服孤独感，引领他们走出校门，走出"自我封闭"的角落，学会与陌生人交往，逐步建立亲密关系，这有助于满足学生自身成长的需要。

一位学生参与了这项活动后，在自己的日记本里这样写道：

我懵懵懂懂地报名，参加到了"结交远方小伙伴"的活动，直到亲手接到回信时，才真切感受到那一份沉甸甸的挚诚。

尽管我们未曾谋面，但看着那亲切的言语，我一连读了好几遍。我迫不及待地铺好信纸，拿起笔，准备书写回信。可心中聚集了千言万语，又不知从何写起。

我几乎是语无伦次地写完回信，还没封寄，心中已不由自主地开始期盼着早日收到他的消息。这种前所未有的感觉是美妙的，也是有些说不清楚的。

有了期盼的冬日已不觉得寒冷，除了兴奋还是兴奋，好不惬意。

"结交远方小伙伴"，活动中学生们互相通信、互寄礼物，为他们的生活打开了一扇窗，他们可以通过自身的实践去认识社会、了解社会、服务社会。他们在书信往来中学会了交往，彼此分享，这对学生们的成长具有重要意义。

我想购买一本书

一、活动背景

书可以传播知识、思想、文化，人类的文明可通过书的形式传播，永不消逝，所以书可以称得上是人类文明的长生果。引领学生走进书店，学会挑选自己喜欢的一本书，独立购买一本喜爱阅读的书，在学生成长的过程中，是多么的重要。

进入 21 世纪，买书的方式变得多种多样，让学生尝试多种买书的方式，不仅可以增强学生的生活情趣，而且还培养学生独立生活的能力。买书，是读书的前提。只有挑选到自己喜爱的图书，有效阅读才会成为现实。

引领学生走进书海，细心"淘书"，爱书之情就在这样独特的经历中慢慢升腾。

二、活动目标

1. 认知目标：走进书的历史，了解古代的简策、帛书以及最新潮的电子书。了解一本书包括封面、书名、书腰、书脊、封底等。

2. 能力目标：在家长的帮助下，以小组为单位，体验购书的经历，学会如何购买一本书。在亲身经历中，捕捉自己印象最深的内容，完成一篇《买书记》。

3. 情感目标：引领学生体验"淘书"的乐趣，激起学生对书的无限热爱之情。

三、活动过程

第一阶段　准备阶段

（一）确定主题

1.看到老师手里拿的这本书了吗？读读它的书名吧——《骆驼祥子》。

2.你觉得这本书，跟你平时看到的书，最大的区别在哪？

3.你知道这本书是在哪里购买的吗？

4.大家一定猜不到的。这本《骆驼祥子》手稿是在骆驼祥子博物馆里买到的。每次出差的时候，我喜欢到当地的纪念馆转一转。那年去青岛也不例外。我在百度上搜索到了老舍青岛故居，黄县路12号。这里是中国第一个以作品名称命名的纪念馆——骆驼祥子博物馆。这是老舍先生的儿子舒乙的创意。在这里，他写下了许多小说、散文和杂文，其中有著名的长篇小说《骆驼祥子》。

5.在这里，我了解了老舍先生创作《骆驼祥子》的全过程。在这里，我还看到了一本书，《骆驼祥子》手稿，毫不犹豫地买了下来，然后在扉页上盖上一枚纪念馆的印章。

6.你有哪些特别的购书经历呢？和大家一起来分享吧，开启"我想购买一本书"的综合实践活动。

（二）自主讨论

1.请同学们6人为一个小组，讨论：我们可以在哪里购书？

2.交流购书地点。

图书大厦、新华书店、当当网、博物馆、旧书摊、报亭……

（三）确定内容

1.你想到哪里去买书？可以自由结合，成立一个购书小组。如果你们要外出购书，一定要有一位家长陪同。如果你们在网上购书，一定要有家长帮你们参谋。

2.一星期后，我们要以小组为单位，进行购书经历的汇报。

3.建议大家写上一篇《买书记》，留作纪念。

4.有兴趣的同学，还可以了解一下书的发展历史。

第二阶段　　实施阶段

（一）走进书的历史

1.中国古代的书籍，是中华民族几千年文化的积淀。在中华民族发展史上，诞生过很多伟大的思想家、科学家、政治家……，产生了丰富的文献典籍。如果从最古老的甲骨刻辞、青铜器铭文、石刻文字算起，中间经过简牍、帛书的发展阶段，到后来抄写在纸上的书、雕版印刷的书，中国古代书籍历史之悠久、数量之丰富，在世界历史上也是罕见的。

2.你能给大家介绍一下古代的书吗？

学生1：我来给大家介绍简策。把竹筒破成一条条又窄又平的细竹片，在上面写字。一条竹片叫"简"，许多条竹片连在一起叫"策"。

学生2：帛书，中国古代写在绢帛上的文书。在战国时期，有一种用帛作为书写材料的书体——帛书，帛是白色的丝织品，汉代总称丝织品为帛或缯，或合称缯帛，所以帛书也叫缯书。

学生3：现在的书大多是纸质书。不过，随着科学技术的进步，书的家族里又多了新成员——电子书。通过电脑、手机和电子阅读器等，就可以阅读电子书了。

3.如何挑选到你喜欢的书呢？

学生1：比如说，我正在读一本书，书里提到了另外的书，我就可以找到读一读。

学生2：我们从语文书中读到了一位作家写的文章，还可以读一读他写的书。

学生3：我喜欢读一些获奖的图书，比如"麦克米伦世纪大奖""纽伯瑞儿童文学奖金奖"。

学生4：从网上搜索推荐书单，从书单里面选择自己喜欢阅读的书。

学生5：我喜欢去书店淘书。

（二）分享书的来历

1. 当你去购买一本书的时候，总会发生一些有意思的故事。这就是买书的故事，用笔记录下买书、借书、读书的故事，将是一件多么有意思的事情啊！

2. 分享"买书"的故事。

上星期五，王老师让我们每人买一本《窗边的小豆豆》这本书。我让小辉帮我买，他答应了。星期一我到了学校，看到大家都在阅读这本书，我也特别想看。可是，我看到小辉还没有来，赶紧向志成借了一本，津津有味地读了起来。小辉什么时候来的，我都没注意。他很抱歉地跟我说，没有买到书。我说，没关系，辛苦了。

放学的时候，值勤的同学回来了，我又找小雪借了这本书看，里面的内容实在太精彩了，我被深深地吸引了。可没想到，下起了毛毛雨，我这才恋恋不舍地把书还给了她。

转天，妈妈开完家长会后直接去了书店，转了好几个地方都没找到这本书。然后骑车回家了（家离学校很远，那天又很冷）。妈妈回来后，还不忘给我买书的事，对爸爸说："大部分同学都有了，我们也一定要给孩子买到！"第二天，爸爸在百忙中抽出一点时间为我去买书。转了这家没有，转了那家也没有，当爸爸快把整个书市都转完时，终于在一家小店中找到了这本书。当我阅读这本书时，我感到每一页都写满了父母对我的爱。（金雪洋）

3. 分享"借书"的故事。

"啾啾，啾啾……"小鸟清脆的叫声把我从梦中叫醒，我急匆匆地起了床，顾不上吃早餐，就跑出了家门。

我快步走到车站，上了开往天津图书馆的公交车，因为今天是我第一次自己去图书馆借书，心里不免有些激动，我和妈妈约定好12点在图书馆门前集合。不一会儿，图书馆到了。我仰起头看见了"天津图书馆"这几个大字，想着那些琳琅满目的书籍，我不禁快速踏进了大门。

儿童图书馆在三楼，我三步并作两步飞奔到楼上。"啊，人怎么这么多呀！可能今天是周末的缘故吧。"我一边想一边挤进人群。看到一排排书架，我真想一头扎进书堆里，在书的海洋里遨游。面对图书馆里不计其数的图书，我有些眼花缭乱，竟一时不知挑哪本书好了。我东转转、西转转，好像挖掘宝藏一样，寻找着自己喜欢的书。最终我一口气挑了三本，其中一本《绿山墙的安妮》是我最喜欢的书。我赶忙找个位置坐下，迫不及待地打开书，津津有味地看了起来，不久便沉迷在书的世界里。

我不喜欢人多的时候来这里，因为很可能眼巴巴地看着一本我喜欢的书被别人抢先借走，自己只好在茫茫书海中继续寻找。

有时那本心仪的书在书架的最高层，看得见却摸不到，这才是最糟糕的。这时只好向图书管理员阿姨求助。

在图书馆里读书感觉时间过得特别快。不经意间肚子里传来"咕噜，咕噜"的叫声，我这才发现已经快到中午了，我该找妈妈汇合了。想到这里，我飞快地拿起之前选好的书，办完借书手续，才依依不舍地走出了图书馆的大门。

我喜欢在图书馆读书的那种氛围，喜欢借到喜爱的书籍那种如获至宝的感受。这次难忘的借书经历使我收获很大，不但点燃了我求知的好奇心，而且让我越发感受到书的重要性。啊，借书的感觉真好！生活充满了快乐与绿意。（郑钰涵）

4. 分享"读书"的故事。

去年冬天过年的时候，我正在书房里看《斑羚飞渡》，隐约听见有"咚咚"的敲门声，我想一定是有客人来啦。果然，客厅里传来谈话音，爸爸妈妈已经把客人迎进屋里，他们寒暄着、唠着家常。我没有理会他们，继续陶醉在书的世界里。这时，有一个小弟弟问妈妈："姐姐去哪里啦？"话音刚落，妈妈就带着这个小弟弟来到书房里找我。"快和小弟弟玩会儿吧！"妈妈微笑着对我说。我连忙摆摆手，头也不抬地说："别打扰我，我正看得起劲呢！"妈妈无奈地摇摇头说："哎，这孩子对书着迷啦！咱不理她，去阳台玩会儿玩具去！"我捧着书，继续聚精会神地看着。客人走后，妈妈批评了我，我也知道自己慢待客人是不对的，心里有些愧意。

其实，我当时完全沉迷于斑羚的故事之中，那是一群聪明的遇事沉着的斑羚，为了渡过悬崖，想到了一个办法：以老斑羚的身体为桥墩架起了一座桥，每一只小斑羚成功飞渡，就意味着一只老斑羚会失去生命。我的内心在那一刻完全被老斑羚对小斑羚那种无私的付出震撼了。

好书百读不厌，读书，要慢慢地体会，才能从字里行间读出百般感受；读书，要反复回味，枯燥的文字才能变得有生命。读万卷书，行万里路，要跟上时代的发展，就必须不断读书，不断充实自己。

读书开阔了我的眼界，让我的思维更加敏锐，读书让我备感快乐。俗话说得好，"书中自有黄金屋"，我愿意一生与书为伴，生活便绚丽多彩，绿意盎然。（肖羽婧）

（三）初识一本书吧

1. 同学们，平时阅读的时候，大家主要是阅读书的内页。其实，阅读一本书，可以阅读的内容远远不止这些。

2. 我们还可以阅读哪些内容呢？大家一起分享吧。

3. 请同学来总结。

如何阅读一本书	
封　面	先阅读封面，它起着装饰和保护图书的作用，还记载着书名、作者名、出版单位名称等重要信息。
书　名	书名，就像我们的眼睛，是了解图书内容的窗口。
书　脊	书的脊背。一般印有书名、作者名、出版单位名称等。在书店挑书，首先看到的就是书脊。
书　腰	书腰，像腰带一样环绕着书，一般是对书的介绍和推荐。
封　底	封底，书的最后一页，装饰和保护图书。除了印有书号和定价，有的还会有内容提要和作者介绍。

4. 这样阅读一本书，才算是完整地、深入地阅读。

第三阶段 展示阶段

（一）给你的新书包书皮

（二）给新书内容配插图

（三）以"书"为题撰写小诗

书

天津市南开区中营小学 张卉

假如世界上没有飞机，
那带我们遨游天空的，
会是什么？

假如世界上没有轮船，

那带我们驶进港湾的，
又会是什么？

如果世界上没有骏马，
那带我们驰骋大地的，
还会是什么？

是书，
是一本本的书，
是一本本充满智慧的书。

书带我们遨游梦想的天空，
书带我们驶进心灵的港湾，
书带我们驰骋辽阔的大地。

四、教后反思

作为一名班主任，培养学生热爱读书，这将会对学生的一生产生重要的影响。要想让学生对读书产生热爱，首要的是，让学生学会买书。我们的社会在飞速地发展，以前，我们在书店里买书；现在，我们常常在网上购书。让学生体验在网上购书的经历，是这个时代对教育提出的新的要求。让学生分享"买书""借书""读书"的故事，是想让学生从他人的故事中，也获得一丝丝温暖。让暖暖的关于书的故事，给学生的精神家园以慰藉。

采访书中的作家

一、活动背景

近二十年的工作经历，使我深切地感受到：小学生的年龄小，他们特别善于模仿，喜欢追求一切美好的事物、方式。小学生喜欢追星，崇拜明星，这是因为，他们想让自己的精神家园得到满足，存有一份寄托。

作为他们的班主任，我要鼓励并引导他们亲近生活中的明星、偶像，这样，他们就会获得不一样的气质。一次次地亲近偶像，情感在汇集，力量在汇聚，当汇聚一定程度的时候，学生的心灵深处就会萌生出：我要做一个像偶像这样的人。学生便在心灵的最深处树立起人生之理想。一个有理想的人，不仅能激发出自身无限的潜力，还会生出为实现自己的理想而不懈努力的动力。

当我们学习完作家张钫写的一篇访谈录《小苗与大树的对话》，学生提议：也想采访一位作家。我当时就应允了。于是，就开启了我们采访小学语文课本中的作家程宏明先生的综合实践活动。

二、活动目标

1. 认知目标：了解作家的简介，阅读作家的作品，积累生动、有趣的语言材料。推荐《小苗与大树的对话》这本书。

2. 能力目标：指导学生做好采访前的准备工作，筛选采访问题，提升学生的组织与采访能力。学会撰写访谈录。

3. 情感目标：在实践活动中，学生感受作家独特的人格魅力，在他们的内心埋藏下创作的种子，激发学生对生活的热爱。

三、活动过程

第一阶段　准备阶段

（一）确定主题

1. 我们阅读了《小苗与大树的对话》一文，作者是张钫。这是小学生对季羡林先生的访谈录，在采访中，季老指出：把文章写好，要多看书；要努力培养中西贯通、古今贯通、文理贯通的人才，因此不要偏科，要学好外语，还要进行古诗文积累。这些不仅使张钫受益，也使读者受到启发。

2. 你想不想也来采访一位作家呢？

3. 我们一起"采访心中的明星"。

（二）实践准备

1. 我们将要采访小学语文课本中的作者程宏明先生。在采访前，你认为需要做哪些准备呢？

学生 1：我觉得需要了解作者的创作作品，最好能够背诵下来。

学生 2：我认为要了解作者的简历，对作者有个全方位的了解。

学生 3：我认为，要写一写想采访的问题。

学生 4：我想为作者制作一份有意义的小礼物。

2. "凡事预则立，不预则废。"发给大家一张预习单，只有预习充分，采访才会获得圆满成功。

采访预习单				
采访对象		采访时间、地点		
作家简历				

采访预习单		
作家作品		
采访提纲		

第二阶段　实施阶段

（一）分享作家简历

1.通过搜集资料，你对程宏明先生有了哪些了解？

学生1：1960年，程老师毕业于天津师范大学中文系，历任天津市第二师范学校教师、第八十九中学教师、红桥区教师进修学校教师。

学生2：程老师著有儿童诗歌专集《聪明的仙鹤》《好玩的剪贴》《把我数丢了》《宝宝歌谣》《幼儿歌谣》等。

学生3：程老师的作品有数十篇（首）获省、市和国家级奖励，十余篇（首）在我国台湾及东南亚国家和地区发表。

学生4：程老师的作品不仅选入了我们使用的语文课本中，他创作的童谣还选入了我国香港的语文课本。

（二）分享作家作品

1.哪首童谣选入了我们正在使用的语文课本呢？

学生1：

雪地里的小画家

程宏明

下雪啦，下雪啦！

雪地里来了一群小画家。

小鸡画竹叶，小狗画梅花，

小鸭画枫叶，小马画月牙。

不用颜料不用笔，

几步就成一幅画。

青蛙为什么没参加？

他在洞里睡着啦。

学生2：

比尾巴

程宏明

谁的尾巴长？

谁的尾巴短？

谁的尾巴好像一把伞？

猴子的尾巴长。

兔子的尾巴短。

松鼠的尾巴好像一把伞。

谁的尾巴弯？

谁的尾巴扁？

谁的尾巴最好看？

公鸡的尾巴弯。

鸭子的尾巴扁。

孔雀的尾巴最好看。

2. 你还会背程老师写的其他童谣吗？

学生1：我会背程老师写的《飞呀飞》。

飞呀飞

程宏明

飞呀飞，小鸟飞，

拍着翅膀空中飞。

飞呀飞，飞机飞，

伸着翅膀天上飞。

飞呀飞，飞船飞，

没有翅膀天外飞……

学生2：我会背程老师写的《小山泉》。

小山泉

程宏明

小山泉，跑出山，

"叮咚""叮咚"把琴弹。

心儿美，不贪玩，

直奔小河去推船。

（三）分享采访问题

1. 说说你最想采访的问题是什么？

学生发言：

"《雪地里的小画家》是您创作的第一首儿童诗吗？"

"您觉得创作儿童诗，与完成习作有什么不同吗？"

"怎样才能写好诗歌？"

"您是怎样成为这样的大作家的？"

"怎样获得创作灵感？"

"您觉得怎样才能写好五年级作文？"

"什么样的作文才能吸引读者的眼球？"

"您写《雪地里的小画家》时处于一种怎样的状态？"

"您平时是怎么记录生活、积累素材的？"

……

2. 以不记名投票的方式，全班推选四位同学到家里采访程宏明老师。

第三阶段 展示阶段

（一）让我们一起来阅读特别行动小组撰写的采访记录

小苗与大树的对话

天津市南开区中营小学五年级三班 闫佳欢

时间：10 月 6 日下午

地点：怡安温泉公寓程宏明爷爷家

人员：王老师、陈文欣、闫佳欢、杨泽霖、肖岳

大　家：程爷爷、高奶奶好。

程爷爷：你们好！快进来，请坐在沙发上。

大　家：我们可以问您一些问题吗？

程爷爷：好的。你们有什么问题就问吧！

肖　岳：您觉得书是什么？书又分成几大类？

程爷爷：书是黄金。书可以分成两大类：一类是好书、一类是坏书。

陈文欣：您觉得书应该怎样读？

程爷爷：书可以范读（粗读），书还可以精读（一字一字读）。要读懂书中的内容，理解书中要表达的意思。

肖　岳：您觉得文章和诗要怎样写？

程爷爷：写文章要有题材；有了好的题材，才可以写出好的文章。没有题材就要认真地多读书、读好书。诗，必须有诗眼。比如我以前读过一位英国小朋友写的儿歌：

在我脑门贴张邮票，

在我腰里系根红绳。

我要爬进信箱里，

把我寄给你。

这首诗就表达了一位小朋友渴望与其他小朋友一起玩的真挚情感。读完了这首诗歌我也创作了一首儿歌，你们想听吗？

大　家：想听！非常想听。

程爷爷：好吧！你们听着：

好爸爸，您真了不起！

咱们家的电视里为啥会有您？

我看见了您胸前的大红花，

我看见了您对着我笑眯眯。

爸爸、爸爸您别走，

明天呀！我也要钻进电视机！

大家：真好！程爷爷您写得太好了！

杨泽霖：程爷爷、高奶奶，你们在国庆期间写过什么儿歌吗？

高奶奶：有啊！让我来给你们读一读。

小彩笔，拿手里，

不画鸟，不画鱼。

画张大地图，

样子像雄鸡。

五十六个小朋友，

身穿七彩民族衣，

天安门前庆十一。

闫佳欢：程爷爷，上次您来我们班之后，许多同学没有得到您的签名，其中有一个同学名叫张云梦，回班后还大哭一场。晚上回家后就写了一篇文章，您能帮他在上面签个名吗？如果他知道了，一定会高兴的。

程爷爷：当然可以。拿给我看看。

王老师：今天我们就先和程爷爷、高奶奶谈到这。下面我们大家都来和程爷爷、高奶奶照张相吧！

（二）让我们一起来欣赏特别行动小组的采访照片

（三）推荐一本书——《小苗与大树的对话》

我给同学们推荐一本书——《小苗与大树的对话》，作者是张钫，从十岁起，对一批文化名人进行了采访：季羡林、胡絜青、史铁生、丁聪、曹文轩、臧克家……书里满是她与文化名人的对话实录。我是很喜欢这本书，希望大家也能喜欢。

四、教后反思

当我带领学生到家里采访程宏明老师之前，程老师已经来过我们的教室，给学生上了一堂生动的阅读课。他给学生讲述了自己所写第一首儿歌《一分钱》的创作过程，还和学生分享了创作《捞星星》的缘由。

那堂课结束了，学生离开座位，兴致勃勃地让程宏明老师签名，真是一群追星族啊！看到这一幕，我静静地思考：既鼓励学生阅读，也积极为学生创造条件，让他们看到那些原本只闻其名的"大师"居然从书本中走了出来，和自己面对面，不仅会激发学生的阅读热情，也会使学生感受到作家身上所具有的特殊的人格魅力，并获得文学上的滋养与熏陶。

偶像，其实他们本身就是一本书，一本学生永远读不完、读不烦的书。每一个偶像身上，都有一段段不同寻常的故事。我们的学生需要什么？需要偶像，更需要偶像身上那本真的、震撼人心的故事。这一个个震撼心灵的故事，带给学生一股力量，一股向上的力量、攀登的力量。

和学生一起走近偶像，净化了心灵，升华了情感，留下了最美丽的生命记忆。

手机可以做什么

一、活动背景

随着科技的发展，手机已经走进了千家万户，它成为了人们生活中的必备品。学生在生活中，随处都可以接触到手机。手机的问世，的确是改变了我们的生活，让我们的生活更加方便。但手机也是一把双刃剑，有的学生沉溺于手机游戏而不能自拔。

作为班主任，面对此情此景，我们宜疏不宜堵。因为无法阻止学生不接触手机，即便可以做到，未来学生走出校门，如果不会使用手机，也必将与这个时代格格不入。

因此，我们要教学生"手机可以做什么"：它有哪些功能？如何使用这些功能？我们要利用好手机，而不是被手机利用。我们使用手机，是为了更好地生活，而不是"玩物丧志"。

二、活动目标

1. 认知目标：熟悉手机的常用功能，掌握常用的 APP 软件，让手机成为学习、生活的好帮手。

2. 能力目标：通过访问、聆听他人分享等多种学习途径，掌握更多的手机功能。

3. 情感目标：懂得手机是生活的工具，不是生活的玩物。提升自己的自控力，做事情有节制。

三、活动过程

第一阶段　准备阶段

（一）确定主题

1. 我在黑板上写下一个词语——手机。谁使用过手机？你用它做了些什么？

学生1：我使用手机打过游戏，不过妈妈不让我用手机玩游戏了。

学生2：我打开手机中的"微信"，向同学请教过习题。

学生3：我喜欢用手机听歌。

学生4：我用手机和同学聊天。

学生5：我把手机当作了闹表。

……

2. 手机的功能很多，手机成为我们的帮手，不能影响我们正常的学习和生活。手机，是一种工具，不是一种玩具。这次实践活动，我们挖掘手机的实用功能，方便我们的学习与生活。

（二）分成小组

将全班同学分成五个小组，小组成员选出一位小组长。

第二阶段　实施阶段

（一）采访准备

提起手机，爸爸妈妈每天都在使用它。对手机，一定十分的了解。那手机可以用来做什么呢？快去请教你的爸爸妈妈吧。

（二）发采访单

发给学生每人一张采访单。

手机可以干什么采访单			
采访对象		采访时间	年　月　日
采访记录	采访问题1：		
	采访问题2：		
	采访问题3：		

第三阶段　展示阶段

（一）分享手机的常用功能

1.通过你的访问与实践，你能说说手机可以做什么吗?

学生1：手机可以用来照相，像素也很高，非常清晰。

学生2：手机可以当手电筒，晚上回家，在楼道里打开手机中的手电筒功能，可以照明。

学生3：手机可以当作计算器。

学生4：打开手机，还可以查看天气预报。早晨出门，可以看一看。

学生5：打开手机，还可以听听音乐，让心得到放松。

学生6：手机，还可以录音。每次出游的时候，听导游讲解，有的时候就把导游讲解的内容录下来。

学生7：手机，也可以当闹表，每天早晨准时"叮叮"响个不停。

学生8：手机，还可以当作记事本，在"备忘录"里记一下重要的事情。

2.班主任小结：手机的功能太强大了，简直就是一个百宝箱。

（二）分享手机的特别功能

1. 分享"车来了"。

学生1：每次在公共汽车站等车的时候，我就用妈妈的手机，打开"车来了"，查一查要乘的公共汽车还需要多长时间可以到站。"车来了"为等车的人提供了便利。

学生2：我也喜欢"车来了"这款软件，如果需要等很长时间，我们就选择"滴滴"拼车。

2. 分享"滴滴"。

学生1：那次，我们要凌晨5点赶往机场，担心没有出租车，所以我们提前一天，利用"滴滴"预约了一辆车，那辆车在凌晨4点45分就到达等候我们了。真是方便啊！

学生2：爸爸妈妈带我实践过"滴滴"拼车，比较便宜啊！

3. 分享"当当云阅读"。

学生：我喜欢阅读，最近我尝试在手机上阅读，我在当当网上购买了电子书，打开"当当云阅读"，就可以看到我购买的电子书了。阅读电子书，随时随地都可以读。

4. 分享"形色识花"。

学生1："微信"里有一款"形色识花"的小程序。如果你遇到了不认识的花草，就可以打开"形色识花"小程序，对着花草拍一拍，便可以知道有关这种植物的介绍和有关它的诗词。

学生2：我家买了一盆吊兰，我打开"微信"中的"形色识花"小程序，对着吊兰照了一张照片，就了解到了吊兰的特点和有关它的诗词。这个小程序让我了解到了很多不认识的花草。尤其是逛公园的时候，"形色识花"让我结识了很多新朋友。

5. 分享"百度地图"

学生1：出去玩的时候，当我们要去一个旅游景点，但爸爸妈妈也是第一次去，所以还不知道怎么走。于是，他们在手机上下载了"百度地图"。它就成了我们的好帮手，为我们指路，把我们带到目的地。

学生2：我知道，"百度地图"不仅可以提供开车的路线，还可以提供坐公交的路线。

6. 分享"天天 P 图"

学生 1：妈妈照完相，喜欢用"天天 P 图"对照片进行美化。别说，美化后，的确非常好看。当然，我妈妈本人也很好看。

学生 2：还可以利用"天天 P 图"添加一些好看的花边。

（三）安全使用手机功能

1. 同学们，手机也是一把双刃剑，我们要利用好它，它就会给我们的生活带来便利。如果我们没有利用好它，恐怕会"误入歧途"。你觉得在使用手机的时候，有什么需要提醒大家注意的吗？

学生 1：不能在网上随便聊天，尤其是不能随便加陌生人为好友。

学生 2：要登录绿色网站，不能随意登录网站。

学生 3：购物时，不可以擅自支付，要和父母商量后再支付。

学生 4：不可以沉迷于网游，这样会浪费自己宝贵的时间。

2. 是啊！希望大家能够在网络上学到知识，学以致用，方便我们的生活。

四、教后反思

手机已经走进人们的生活，成为了人们生活中必不可少的工具。作为班主任，我要努力引领学生认识手机的独特功能，并引领学生在生活中去实践，去使用。这样，手机才能真正服务于我们的生活。

在实践中，不忘对学生进行安全教育，提示学生，在网络上什么可以做，什么不可以做。另外，我们在召开全班家长会的时候，也提示家长：要陪同学生上网，一是起到监督作用，二是不给坏人可乘之机。

学生最感兴趣的莫过于"形色识花"小程序了。我鼓励他们，每次和家长去公园时候，对于自己不认识的花草，都可以用"形色识花"学习一下，在生活中同样可以学到很多知识。

教育即生活，生活即教育，让学生在生活的广阔天地中，快乐学习，快乐实践。

第
五
辑

徜徉多彩城市

我是城市小导游

一、活动背景

一座城市，就是一本打开的书。阅读这本书，可以带你领略到不同的地域风情。走进一座城市，就要从文化、饮食、出行等多个方面深入地了解这座城市。

以"我是城市小导游"为任务驱动，激发学生自主地、主动地参与到活动中，深入了解自己所在的城市。让学生为游客设计旅游线路，培养学生统筹规划的能力，这也是让学生进行职业体验。

走进一座城市，不仅要欣赏城市美景，还要品尝城市美食，更要了解城市奇人。而天津地处码头，在这里聚集了各个行业的奇人。了解他们的奇闻逸事，想必对这座城市会留下深刻的记忆。

二、活动目标

1. 认知目标：了解天津的博物馆、公园、名人故居，整理天津的博物馆、公园、名人故居一览表。学习撰写导游词的方法。

2. 能力目标：提升搜集材料、整理材料的能力，学会设计旅游线路，在阅读中汲取需要的材料。

3. 情感目标：活动中，激起学生热爱城市的美好情感、乐于向游客展示美丽天津的热情。

三、活动过程

第一阶段　准备阶段

（一）确定主题

1.同学们，今天想和你聊聊：你在天津生活几年了？

2.你对天津有哪些了解？

学生1：我知道，天津有三绝——"狗不理包子""十八街麻花""耳朵眼炸糕"。

学生2：天津的煎饼果子还上了《舌尖上的中国》。

学生3：天津的盘山闻名遐迩，乾隆皇帝曾32次到盘山，还写下了脍炙人口的名句"早知有盘山，何必下江南"。

学生4：天津的海河犹如一条绿带，海河上一座座桥形态各异，数不胜数。

3.你是否愿意成为一名城市的小导游？

4.让我们一起畅游天津，争当优秀的城市小导游。

（二）畅游天津

1.周末的时候，你可以在爸爸妈妈的带领下，骑上共享单车，围着中环线，一路骑行，一路拍照，让天津美景尽收到你的相机里。

2.把你拍下的照片制作成幻灯片，下次的活动时间我们一起分享。

（三）探究内容

1.你是喜欢品尝美食，还是喜欢逛城市博物馆，还是喜欢走街串巷，深入地了解一座城市？请从你感兴趣的方面入手，梳理出有趣、有价值的内容，供游客参考。

2.下次活动时间，我们一起来分享。

第二阶段　实施阶段

（一）欣赏美丽天津

1.同学们将自己拍下来的照片制作成幻灯片，配上动感音乐，集体欣赏。

2.通过欣赏这一组组美丽的城市照片，你能谈谈感受吗？

学生1：我的心被震撼了，天津的发展太快了。

学生2：美丽的天津之眼，它成为了美丽天津的标志性建筑。

学生3：我看到了"水滴"，很多大型体育赛事都是在这里进行的。

学生4：我很喜欢天津古文化街，走在里面，我看到了很多有意思的小玩意儿。

（二）挖掘天津的内涵

1.如果你是一名导游，你希望带领你的游客去哪里呢？

学生1：我会带游客游览食品街，品尝天津的美食。

学生2：我会带游客乘坐天津之眼，让天津的美景尽收眼底。

学生3：我会带游客走进梁启超故居，感受天津的人文文化。

学生4：我会带领游客登上天塔，极目远眺，欣赏美景。

学生5：我会带领游客坐马车，逛马场道。

2.分享天津的博物馆。

序　号	名　　称	地　　址
1	天津博物馆	天津市河西区平江道 62 号
2	天津自然博物馆	天津市河西区友谊路 31 号
3	中国瓷房子博物馆	天津市和平区赤峰道 72 号
4	天津戏剧博物馆	天津市南开区鼓楼东街
5	天津邮政博物馆	天津市和平区解放北路 109 号
6	天津老城博物馆	天津市南开区鼓楼街道鼓楼东街 202 号
7	大沽口炮台遗址博物馆	天津市滨海新区东炮台路 1 号

3. 分享天津的公园。

序　号	名　　称	地　　址
1	天津水上公园	天津市南开区水上公园路
2	天津热带植物观光园	天津市西青区外环线七号桥北 300 米
3	绿博园	天津市武清区下朱庄镇南湖公园风景区
4	天津海昌极地海洋世界	天津市滨海新区响螺湾中心商务区 61 号
5	天津欢乐谷	天津市东丽区东丽湖旅游度假区东丽之光大道
6	天津泰达航母主题公园	天津市滨海新区汉沽汉北路 269 号
7	梨木台风景区	天津市蓟州区

4. 分享天津的名人故居。

序　号	名　　称	地　　址
1	梁启超纪念馆	天津市河北区民族路 44—46 号
2	曹禺故居纪念馆	天津市河北区意式风情区民主道 23 号
3	静　园	天津市和平区鞍山道 70 号
4	霍元甲故居	天津市西青区小南河村北
5	张学良故居	天津市和平区赤峰道 78 号
6	李叔同故居	天津市河北区海河东路与滨海道交口处
7	吉鸿昌故居	天津市和平区花园路 5 号

（三）设计游览路线

如果你是一名天津的导游，你会带游客去哪里呢？你能设计一条旅游
线路吗？

学生 1：天津意式风情区—溥仪旧居静园—瓷房子—南市食品街。

学生 2：瓷房子—五大道—古文化街—天津之眼—乘坐海河游船。

学生 3：天津民国物语—尔宝瑞蜡像馆—五大道—杨柳青木版年画馆。

学生 4：天津欢乐谷一日游。

学生 5：天津基辅号航母一日游。

学生 6：天津盘山一日游。

学生 7：赏瓷房子—逛五大道—游古文化街—听天津相声—天津卫码头吃晚餐—观摩天轮夜景。

（四）学习写导游词

1.学生分享学写经历。

游览解放桥

天津市南开区中营小学　王宇辰

今天，我和爸爸妈妈参加了天津海河一日游活动。我们来到了天津具有历史意义的桥梁——解放桥。

耳边聆听着导游阿姨的讲解：大家看！解放桥是一座全钢结构可开启的桥梁，桥长 97.64 米，桥面总宽 19.5 米。它建于 1927 年，当时天津正由英、法、俄、美、德、日、意、奥、比等 9 国占领，解放桥是由法国巴黎埃菲尔铁塔的设计者所设计，由法租界工部局主持建造的。

解放桥原名万国桥，因当时天津由多国统治，所以意思是国际的桥。而此桥位于法租界入口处，又是由法租界工部局主持建造的，所以当时民众称它为法国桥。抗日战争胜利后，当时的国民政府以蒋介石的名字命名此桥，叫作中正桥。中正桥目睹了天津的解放过程，所以后来改成解放桥。

……

当我和爸爸妈妈坐车回来的时候，我发现，我会写导游词了。就像导游阿姨那样，先介绍景点的特点，再介绍有关它的历史故事，还有，就是要提醒游客在游览过程中所要注意的。

哈哈，今天收获真是不小，在生活中学会了写导游词。

2.学写导游词有妙招。

如何写好导游词呢？你听，瓜老师和瓜孩子们正细致地讲解呢！下面请五位同学分角色给大家朗读。

快乐小导游
——如何写好导游词

瓜老师：每当到了假期，你是不是都要和父母去游览家乡或是外地的名胜古迹呢？游览的时候，你能不能给前来参观的游客当一回小导游呢？这需要先写好一篇导游词。所谓导游词，就是导游人员引导游客游览观光时说的讲解词，这是一种新的文体。那怎样才能写好导游词呢？

小冬瓜：首要的是查阅资料。在写导游词之前，要对所要介绍的景点了解得一清二楚，这样在介绍的时候，才会说得具体而生动。伙伴们可以在家长的陪同下，从网上下载自己所需要的内容；到图书馆，去翻阅自己需要的图书；听身边的人讲有关景点的内容……只要是有关景点的，那就是多多益善啊！

小西瓜：在撰写导游词时，我有一妙招：过渡自然，总领全段，让游人听得清楚明白。比如：

我们已经来到了万寿山脚下，请大家往上看，一座八角宝塔形的三层建筑耸立在半山腰上，黄黄的琉璃瓦闪闪发光，这便是园中标志性的建筑——佛香阁。

有了过渡句，让游客感到亲切自然，不乏味。总分的结构，使得段落结构严谨，而且总起部分清楚地交代了所要介绍的景点的名称，使游客们"一听了然"。

小南瓜：我也想和大家分享一个妙招——在具体叙述时，可以按时间顺序和空间顺序进行具体而生动的介绍。时间顺序：就是以时间的先后为说明顺序；空间顺序：即按照事物的空间存在的形式，以前后左右、上下高低、东西南北或从整体到局部等为顺序，一般用来说明事物的构造或形态。

小北瓜：哈哈，我也有一个妙招呢！在讲解时，还可以运用列数字、举例子、打比方、作比较等说明方法。这样，介绍的文字就会更加准确。

瓜老师：你们的妙招一定很管用啊！解说词写好以后，要反复诵读，目的是把它记牢固。讲解的时候，要记得说普通话；大方得体，不拘束；

再配上感情，就更加出色了。我相信你们一定是非常出色的小导游。

第三阶段　展示阶段

（一）分享导游词

欢迎您走进梁启超故居

天津市南开区中营小学　虞颖懿

各位游客：

大家好！我是你们的导游，叫我小虞好了。大家看，在我们的左边，就是梁启超先生的故居。

请大家跟我走进院内，这是一座两层的小洋楼，周边花草簇拥。这院子从里到外都散发着一股清新淡雅之气。让我们一起走进书斋，会让我们更加了解了梁启超。梁启超，字卓如，号任公，是广东新会人。他，天资聪颖再加上勤学苦读，12岁时在童子试中考上秀才，17岁就考中了举人，享有"神童"的美誉！

梁启超的言行不仅表明了他的政治主张，更从侧面反映出近代中国一段激烈动荡的历史过程。不过尽管如此，梁启超坚定的信念仍旧没有改变，那就是——爱国！

梁启超先生拥有一个幸福美满的家庭，五子四女，大部分子女都非常有出息，梁思礼便是著名火箭控制系统专家，为国家做了许多贡献。梁启超逝世后，他的爱国精神又传递给了自己的子女。

大家看，这里便是梁启超的书房，书架上摆满了厚厚的书。在他的书桌上，还摆放着一部《饮冰室合集》。"饮冰室"就是梁启超为他的故居起的名字。为什么起名为"饮冰"呢？

原来，梁启超从1901年开始号饮冰子，"饮冰"一词出自《庄子·人间世》，表现的是内心的焦灼和急切。而梁启超就是用此名来表达自己渴望祖国独立富强的心情的。

一篇《少年中国说》最能代表梁启超的心系国家的美好情怀。我们一起背一背：少年智则国智，少年富则国富……

给大家 1 个小时时间自由活动，1 个小时后我们在出口处集合。

（二）分享天津人

各位游客：

下了车，我们逛天津，赏美景；在车上，我来给大家介绍一位天津奇人：

苏大夫本名苏金散，民国初年在小白楼一带，开所行医，正骨拿环，天津卫挂头牌，连洋人赛马，折胳膊断腿，也来求他。

他人高袍长，手瘦有劲，五十开外，红唇皓齿，眸子赛灯，下巴儿一绺山羊须，浸了油似的乌黑锃亮。张口说话，声音打胸腔出来，带着丹田气，远近一样响，要是当年入班学戏，保准是金少山的冤家对头。他手下动作更是"干净麻利快"，逢到有人伤筋断骨找他来，手指一触，隔皮戳肉，里头怎么回事，立时心明眼亮。忽然双手赛一对白鸟，上下翻飞，疾如闪电，只听"咔嚓咔嚓"，不等病人觉疼，断骨头就接上了。贴块膏药，上了夹板，病人回去自好。倘若再来，一准是鞠大躬谢大恩送大匾来了。

人有了能耐，脾气准各色。苏大夫有个各色的规矩，凡来瞧病，无论贫富亲疏，必得先拿七块银元码在台子上，他才肯瞧病，否则绝不搭理。这叫嘛规矩？他就这规矩！人家骂他认钱不认人，能耐就值七块，因故得个挨贬的绰号叫作：苏七块。当面称他苏大夫，背后叫他苏七块，谁也不知他的大名苏金散了。

怎么样？是不是一位奇人？这位奇人出自冯骥才的笔下，如果大家还有兴致，可以读一读天津作家冯骥才写的《俗世奇人》。这部作品获第七届鲁迅文学奖。冯骥才说："我特别希望把天津人留在纸上。"在书里，大家可以结识到更多的天津奇人。

四、教后反思

这样的活动，激起了学生学习的激情。每一位学生都乐于展示自我，乐于探索，他们自主地搜集资料，并进行整理，他们还实地考察，记录下景点所在地点及联系电话。整理之后，与全班同学们分享。

这样的活动，激起了学生思考的激情。设计旅游线路，激发了学生的创造性。他们发挥自己的聪明才智，向游客展示全方位的、充满地域特色的天津。比如，在旅游中，让游客了解天津美景，品尝天津美食，聆听天津茶馆相声。这样的活动，无不激起了学生对家乡天津的无限热爱。

这样的活动，激起了学生阅读的激情。他们自主阅读天津作家冯骥才所写的《俗世奇人》，撰写了特别的导游词。学生以一位导游的身份，在景点前，给游客介绍景点的特点；在大巴车上，给游客朗读《俗世奇人》，让游客了解天津的奇人奇事。这是多么富有创意的想法啊！

这次实践活动，将实践、学习、阅读有机地整合在一起，提升了学生的综合实践能力。

阅读城市的地名

一、活动背景

地图是城市的声音。阅读地图，是学生生活中的一项基本技能。进入了 21 世纪，电子地图已经走进了我们的生活。打开手机，可以看到"百度地图"APP。那为什么还要阅读纸质地图呢？

学会阅读纸质地图，是阅读电子地图的基础。阅读地图，就是在阅读一座城市的历史。城市的变迁，正是反映在一张张地图之中。阅读城市的地名，感受一座城市的沧桑变化，品味一座城市的文化内涵。

二、活动目标

1. 认知目标：通过小组合作，大家走近地图，阅读地图，记录下自己的发现，了解一些道路名的命名特点。

2. 能力目标：用准确的语言表达地理位置，创设生活情境，提高在生活中使用地图的能力。

3. 情感目标：从多种途径了解信息，记下自己的感受，并提出自己的合理化建议。增强学生的责任意识，做城市小主人。

三、活动过程

第一阶段　准备阶段

（一）确定主题

1. 我现在给每组同学一份地图，这是最新版的天津地图。小组的同学一起来细细地阅读，你们从地图上看到了什么？（学校、医院、商场、博物馆、宾馆、旅游景点、广场、公园、长途客运站、铁路、车站；部分宾馆、饭店、药店、医院、学校，还标注了电话。）

2. 阅读了城市地图，你感到地图给我们带来了什么？

3. 班主任小结：地图，就是城市的声音，不仅说出了她的变化，还说出了对世人的关怀。这次实践活动，让我们一起阅读城市的地名。

第二阶段　实施阶段

（一）谈路名

1. 从你家到学校要经过哪些道路呢？我们来谈谈路名，可以说一个，也可以说两个，还可以都说上。

2. 这些道路名也很有意思。从这张地图上，我搜集了几组，你看看，它们有什么特点？

（1）二马路、五马路、十一经路。（以数字命名的路名）

（2）上海道、南京路、哈尔滨道。（以城市命名的路名）

（3）黄河道、长江道、海河东路。（以河流命名的路名）

（4）香山道、盘山道、紫金山路。（以山川命名的路名）

紫金山又叫钟山，位于南京市，王安石在《泊船瓜洲》中提到了钟山，谁来背一背？"京口瓜洲一水间，钟山只隔数重山。春风又绿江南岸，明月何时照我还。"

（5）张自忠路、中山路。（以人名命名的路名）

张自忠路和中山路这两条以人名命名的道路，是为了纪念中国历史上的两位重要人物——张自忠和孙中山。这两条路自被命名至今均已有60多年的历史了。

（6）正义道、友爱道、团结北路。（寓托思想感情命名的路名）

3. 阅读了这些城市的地名，分享了我们的发现，心里有没有新的感受？

4. 班主任小结：我也来和大家分享我的感受。这些别致有趣的地名，有的记载了岁月更迭的变化，有的对应着祖国的锦绣河山，有的蕴含着丰富的历史文化知识。地名，就是一座城市的名片。

（二）查地图

1. 你以前查过地图吗？现在，我们来查地图。中营小学虽然在这份地图上没有标注出来，但是你能不能用手在地图上指一指？她应该在哪个位置？

2. 你能用准确的语言表达出中营小学的具体位置吗？

3. 也可以运用"北邻……西邻……"这样的句式表达，准确，简洁，明了。

4. 假设在天津奥体中心"水滴"有魔术表演，但我不知道"水滴"在什么位置，你们能不能帮我在地图上找一找？如果从学校出发，骑自行车，怎么走才能到那呢？

5. 你觉得自己在查地图时顺利吗？为什么？此时，你心里还产生了一些什么想法？

（三）聊地图

1. 我从网上阅读到了这样一则消息，是有关地图的消息，让我们来读一读，聊一聊。

《上海出行方便地图》近日开始出版发行

中国政府门户网站 www.gov.cn　　2005 年 11 月 14 日　　来源：新华网

记者近日从上海市测绘院第四分院获悉，《上海出行方便地图》今日开始出版发行，其中最引人关注的是这张地图覆盖了外环线以内的 460 个菜场。据悉，这是上海第一次用地图的形式表现菜场的分布，在国内也是首次。

记者看到，这是一张画满"青菜"的地图，每一棵青菜代表着一个菜场。据第四分院副院长石春花介绍，地图上标注的菜场，每个都经过实地勘测。通过这张地图，可方便百姓生活，比如市民买房子或迁移时，一看就可以了解到社区周围菜场的分布情况。

此外，地图还标注了全市厕所、大卖场等八大专题：菜场 460 个，大卖场 63 个，厕所 544 个，药房 364 个，医院 242 家，加油站 345 个，停车场 843 个，邮政局 239 个，还以文字的形式反映了上海 237 个社会保障中心的地址电话，以及部分交通卡退卡点，使得这幅地图更加实用。

2. 读完了这则消息，你有哪些感想和大家分享一下？

3. 对于地图的绘制，你还有没有好的建议？

4. 课余时间，一定要多看报，获取信息；在家长的陪同下，从网络获取信息，写自己的感想，谈自己的建议，既练了笔，又为城市的建设与发展出自己的一份力，这是多么有意义的事情啊！

第三阶段　展示阶段

（一）分享地名故事

课余时间，大家翻阅书籍、上网浏览、询问家人……了解了很多天津地名的故事。我们请同学给大家分享自己了解到的地名故事。

学生 1 汇报：我来分享"天津的沽"。人们常常把天津称为"津沽""沽上"，天津以沽为名的地方有几十个，号称"七十二沽"。沽实际指的是河曲凸岸方向的滩地。据说 19 世纪时，海河河道曲折率达到 1.8，以至于河身成螺旋状，河曲十分发达，称"沽"的地方特别多。如：大直沽、小直沽、西沽、丁字沽、咸水沽、塘沽等。

学生 2 汇报：我来分享"海光寺"。海光寺位于天津南门外大街与多伦道西口相交的地方。此地原有一座寺院，始建于康熙五十四年。当时寺院的建筑十分华丽，是天津的名寺院之一。1858 年第二次鸦片战争期间，英法联军侵入天津，逼迫清政府在海光寺内签订了屈辱的《天津条约》。1867 年洋务运动期间，清政府在海光寺建立了一座小型兵工厂，与东局并列称为"南局"。1900 年这里曾是八国联军进攻天津城的战场。

学生 3 汇报：我来分享"大红桥"。大红桥位于河北区北营门外大街北口与北河口之间，北运河和子牙河将要汇合的地方。大红桥原是一座木制拱桥，在今天的大红桥以东。1888 年改建为铁桥，桥长约 40 米，形状如彩虹，故又称为"虹桥"。由于桥的坡度很陡，桥两头看不到对面的人。

1924年，因桥身年久失修，洪水冲刷过甚而倒塌。桥塌之后，人们在原地修建了一座浮桥以维持交通。到了1936年才重修了新的大红桥。大红桥位于繁华的市区，附近是天津市通往冀中的重要内河码头，因此在天津很有名。至今，当地的行政区名还是以该桥命名的。你了解了吗？

（二）分享地名图片

在实践活动中，大家留意了城市中的地名，不仅仅是在天津，同学们到了异乡，也同样关注城市中有意思的地名。请同学们出示你拍摄的照片，让我们一起来分享吧。

学生1汇报：我和爸爸妈妈去厦门旅游，乘坐地铁的时候，我留意了地铁站的站名。我们从"文灶站"上车，我觉得"文灶"很有意思，就用手机拍摄了下来。当我们坐飞机回来的时候，看到了厦门实景，实景中也呈现出了厦门的地名，比如龙头路。

学生2汇报：爸爸妈妈曾带我去香港、澳门旅游。在香港，我发现了以内地省市名命名的道路，比如浙江街，看着好亲切。我拍下了这张照片。到了澳门，我发现了一个很有意思的地名——沙格斯大马路。后来，我在网上搜索，发现沙格斯是意大利财政学家。

学生3汇报：在厦门鼓浪屿，我和爸爸妈妈走过了一条特别的道路，那就是拼音道。为什么是拼音道呢？因为在这条道路上，出现了许多拼音字母。我从道旁的石碑上了解到：拼音道是为纪念现代汉语拼音文字之父卢戆章修筑的一条特色路。1892年，卢戆章自造民族字母的拼音文字方案《切音新字》，开中国拼音字母先河，是中国语文现代化运动的先驱。

班主任小结：地名是一座城市独特的文化符号，地名文化是一个城市文化发展的灵魂。这次实践活动，同学们走进了城市的地名，了解了它的特点，还搜集了有关它的故事，捕捉到了城市中最有意思的地名。活动远远没有结束，在以后的日子里，同学们还可以阅读有关地名的书——《中国地名史话》《地方地名故事》等，相信你一定会从中获得无限的乐趣。

四、教后反思

这一次实践活动结束了，但带给我的思考却很深刻。

第一，它融入了生活。

课堂上，所有的内容都是来自生活。学生查找地名，查找要去的地方，现场模拟生活中问路的情景，这些都是为学生的生活做铺垫。学生在阅读地图的同时，也在悄然地感受着城市的变化，这是无声的，是浸润学生心灵的。感受美好的生活，这一情感贯穿实践活动的始末。

第二，它贴近了学生。

内容贴近学生，让学生有感而发；形式贴近学生，让学生兴致盎然。只有内容、形式贴近于学生，学生成为活动的主人，他们才会真正参与进来。

第三，它凸显了文化。

我们的教育活动的主题，要站在文化的平台上，活动内容中的文化色彩对学生有一种无声无形的熏陶，这股力量看不见摸不着，却真真切切能够感受到。对学生来说，亲近充满文化味的内容，是浸润美好情感的过程，渐渐地，让我们的学生变得大气，有修养，有一种不凡的气质。

了解身边的编码

一、活动背景

学生在生活中，时时处处都会遇到编码，比如邮政编码、电话号码、身份证号……编码伴随着学生每一天的生活。进入了 21 世纪，编码在生活中更被人们广泛应用。

有的学生看到了这些编码以后，提出了自己的问题：为什么这些编码是由不同数量的数字组成？它们各自有什么规律吗？他们可谓是生活中的有心人。

和学生一起阅读生活中的各类编码，鼓励学生自主探究，了解它们的特点，掌握它们构成的规律，这有助于学生熟练地识记这些编码，还会帮助学生在未来解决生活中出现的具体问题。

二、活动目标

1. 认知目标：通过对生活中各种编码的收集和整理，认识各种编码，了解关于编码的相关知识。

2. 能力目标：在实践活动中，培养学生收集信息、处理信息的能力，以及解决实际问题的能力。

3. 情感目标：在自主、合作、探究的学习方式中，激发学生探究知识的欲望和创造精神。

三、活动过程

第一阶段　准备阶段

（一）确定主题

1. 你知道你爸爸妈妈的电话号码吗？谁来背一背？

2. 你是怎样记住他们的电话号码的？

3. 找到了窍门，这些数字编码就容易记了。

4. 你说说看，生活中除了这些电话号码外，还有哪些编码也是用这些数字构成的？

5. 这次综合实践活动，让我们一起"了解身边的编码"，了解其构成特点，探究其构成规律。

（二）自主讨论

1. 确定小组的研究内容，研究之后要分享你们小组的研究成果。

组　名	研究内容
第一组	邮政编码
第二组	居民身份证号码
第三组	电话号码
第四组	新能源汽车的车牌编码
第五组	旅客列车的车次编码

2. 分享会上，请每个小组向大家汇报编码的特点以及它的构成规律。

第二阶段　实施阶段

（一）特别行动一

1. 在小组长的带领下，登录互联网，搜寻与研究内容有关的资料。

2. 小组成员阅读资料，处理资料，将所需内容整理在一起。

（二）特别行动二

1. 在老师、家长的带领下，带领小组成员分别走进邮政局、户籍管理中心等，进一步了解编码的构成。

2. 在小组长的带领下，整理采访记录，撰写实践收获。

第三阶段　　展示阶段

（一）第一小组汇报

1. 我们来汇报邮政编码的构成方式。

邮政编码，是一个国家或地区为实现邮件分拣自动化和邮政网络数位化，加快邮件传递速度，而把全国划分的编码方式。

我国的邮政编码采用四级六位数编码结构。前两位数字表示省（直辖市、自治区）；前三位数字表示邮区；前四位数字表示县（市）；最后两位数字表示投递局（所）。

比如：226156，22 表示江苏省，226 表示南通邮区，2261 表示海门县邮局，226156 表示东兴邮电支局。

在网络上，我们还特意查找了香港特别行政区的邮政编码——999077，澳门特别行政区的邮政编码——999078。

2. 我们还想告诉大家，如果你在寄信的时候，不知道对方的邮政编码，可以采取以下方式来获取邮政编码：一是拨打"114"查询；二是到邮电局柜台上翻阅一本关于查询邮政编码的内部图书来查询。

3. 我们寄信的时候，写上了邮政编码，就会减少邮递员叔叔的工作量。

（二）第二小组汇报

1. 我们来汇报居民身份证号码的构成方式。

从网络上，我们了解到：18 位身份证标准在国家质量技术监督局于 1999 年 7 月 1 日颁布实施的《公民身份号码》（GB11643-1999）中做了明确的规定。

我听户籍管理中心的叔叔讲，以前居民身份证编号是 15 位，而现在的居民身份证号码是 18 位。

公民身份号码是特征组合码，由 17 位数字本体码和 1 位校验码组成。排列顺序从左至右依次为：6 位数字地址码，8 位数字出生日期码，3 位数字顺序码和 1 位数字校验码。

2. 居民身份证的有效期限分为 5 年、10 年、20 年、长期四种。16 岁以下的，发给有效期为 5 年的居民身份证；16 周岁至 25 周岁的，发给有效期为 10 年的居民身份证；26 周岁至 45 周岁的，发给有效期为 20 年的居民身份证；46 周岁以上的，发给长期有效的居民身份证。

3. 我们温馨提示大家：乘火车、飞机出行，在购火车票或打印机票时，一定要带上身份证哦。

（三）第三小组汇报

1. 我们来汇报电话号码的构成方式。

10 开头，电信服务号码，如 10010（中国联通服务中心）、10018（中国联通 vip 客服客户专线）、10011（中国联通充值查询服务专线）、10050（中国铁通服务中心）、10086（中国移动服务中心）等等。

12 开头，赋予民用特殊号码，如 120（医院）、121（天气预报）、122（交通事故报警）、12315（消费投诉热线）、12319（城建服务）、12348（法律咨询）、12358（价格举报中心）、12365（质量监督）、12306（铁路客户服务中心）。

分配到手机用户时，以 13 开始做号段。后来分配 130—132 为联通，134—139 为移动。（2019 年 11 月 27 日全国携号转网正式推开）

95，金融及民用服务号：95599（中国农业银行）、95555（招商银行）……

2. 我们建议大家，可以把常用电话号码整理在一个小本子上，这样用起来就很方便。

（四）第四小组汇报

1. 我们来汇报新能源汽车的车牌编码的构成方式。

我们走在马路上，会看到以绿色为底色的车牌，那就是新能源汽车号牌专用标志。新能源汽车号牌按照不同车辆类型实行分段管理，字母"D"

代表纯电动汽车，字母"F"代表非纯电动汽车。

与普通汽车号牌相比，新能源汽车号牌号码增加了1位。具体编码规则是省份简称（1位汉字）+发牌机关代号（1位字母）+序号（6位）。小型新能源汽车号牌的第一位必须使用字母D或F，第二位可以使用字母或者数字，后四位必须使用数字。

（五）第五小组汇报

1. 我们来汇报旅客列车的车次编码的构成方式。

名　　称	举　　例	
高速动车组旅客列车	G1709	天津西——重庆西
城际动车组旅客列车	C2001	北京南——天津
动车组旅客列车	D3211	湖州——厦门北
直达特快旅客列车	Z178	哈尔滨西——南京
特快旅客列车	T128	东莞东——成都
快速旅客列车	K356	广州——重庆西
普通旅客列车	7454	红果——昆明
说明：举例仅供参考，请以实际车次为准。		

2. 我们提示大家：如果你们的爸爸妈妈需要订火车票，可以登录12306铁道部火车票网上订票唯一官网——铁路客户服务中心（网址：http://www.12306.cn/mormhweb/）购票。

（六）评选优秀实践小组

采取不记名投票的方式，由每组选派出一名代表，在选票上填写三个优秀小组的组名。得票较多的三个小组获得优胜小组的荣誉称号，并给每一位组员颁发一张奖状。

（七）活动向课外再延伸

如果你感兴趣，你还可以为我们全班同学创编一个学号，至于它的构成规律，请你开动脑筋，积极思考，快乐实践。

四、教后反思

这次实践活动，激发了学生探索知识的欲望。学生分为五个小组，分别探究邮政编码、居民身份证号码、电话号码、新能源汽车的车牌编码、列车的车次编码。他们通过多种途径去探究，比如：登录互联网，询问爸爸妈妈，走进邮政局、户籍管理中心等等，初步感知数字与生活的联系，不仅让自己获取了所需知识，还提升了自己解决实际问题的能力。

综合实践活动，与学生的生活密切联系，彰显了"教育，就是为了学生的生活，为了学生的生存"这一教育理念。这项实践活动继续向课外延伸，请学生为全班同学创编一个学号，这必将激发学生创造的激情，提升学生的创新能力，真正做到学以致用，融会贯通。

体验城市的交通

一、活动背景

　　进入了 21 世纪，每一座城市，都出现了日新月异的变化。这种变化首先反映在城市的交通上。城市交通方式的多样化，让人们的出行变得更加快捷。"来一场说走就走的旅行"已不是梦想。

　　引领学生走进生活，体验城市的交通，了解并体验城市的交通出行方式，认识火车票，了解火车出行的注意事项，学会使用共享单车，学生感受到了体验的乐趣，充满激情地投入到生活中，去学习，去尝试，去体验。

二、活动目标

　　1. 认知目标：了解、体验城市交通，遵守交通规则。

　　2. 能力目标：尝试新的城市出行方式，学习使用打车软件，年满 12 岁的学生可以和父母体验骑行共享单车，提升学生独立生活的能力。

　　3. 情感目标：在实践活动中，感受城市日新月异的变化，激发学生建设家乡的美好情怀，在生活中能够自觉遵守交通规则。

三、活动过程

第一阶段　准备阶段

（一）畅谈预习

1. 上个周末，给大家布置了一项特别的预习作业——乘坐地铁去中国最美图书馆——天津滨海图书馆。谁完成了这项作业？

2. 你能说说你的乘车过程吗？

3. 学生汇报：我从西北角地铁站上车，乘地铁 1 号线到西南角站下车，换乘地铁 2 号线，到天津站下车，再换乘津滨轻轨地铁 9 号线，到市民广场站下车。步行了近 2 公里到达图书馆。

4. 你从南开区出发，到滨海新区，这一路下来，有什么感受？

5. 学生汇报：我感受到了地铁的方便与快捷，在地下实现了换乘，地铁的车次间隔也大大地缩短了。地铁线，四通八达，想去哪里都可以。

（二）确定主题

1. 在我们这座美丽的城市中，公共交通如蜘蛛网一般，星罗棋布，密密麻麻。它是城市交通的重要组成部分，给我们每位市民的出行提供了重要的保障。

2. 这一次实践活动，就让我们一起体验城市的交通。

第二阶段　实施阶段

（一）实践内容

1. 你说说看，在我们天津，出行方式有哪些呢？

2. 学生汇报：地铁、公共汽车、共享自行车、火车、飞机。

3. 这次活动中，请大家从下列活动内容中选择一项到两项内容去完成。

序　号	内　容
1	体验一项城市出行方式
2	了解天津的地铁发展状况
3	学会使用打车软件
4	如果你年满 12 岁，跟爸爸妈妈骑一次共享单车
5	体验一次火车出行的特别经历

（二）实践准备

1. 你认识火车票吗？暑假的时候，王老师去北戴河开会，购买了天津到北戴河的高铁动车车票。你能看懂这张火车票吗？

2. 我来问，你来答，好不好？

老师问：这是一张从哪到哪的火车票？

学生答：这是一张从天津到北戴河的火车票。

老师问：我应该在哪个检票口检票进站？

学生答：您应该在 10A 检票口检票进站。

老师问：我应该在 2018 年 7 月 22 日 16 点 48 分前到达火车站吗？

有的学生回答行，有的学生回答不行。

3. 为什么有的同学说不行呢？请大家发表意见。

4. 小结：进火车站需要安检，走到站台还需要一段时间，所以一定要提前一些时间到达。况且，火车站有规定：离开车前还有三分钟将停止检票。所以，温馨提示大家：尽量要在火车开车前半小时到达。

第三阶段　展示阶段

（一）体验一项城市出行方式

1. 在实践活动中，你体验了哪项城市交通方式？

学生 1 汇报：我乘坐了公共汽车，从大明道乘坐快速 2 路，经过了近 20 站，终于到达了天津动物园。一路上，行驶在快速路上，大大节省了行车时间。

学生 2 汇报：我从西南角地铁站乘坐 2 号线，到达长虹公园站后，换成了 6 号线，在文化中心站出 D 口，就来到了天津自然博物馆。

学生 3 汇报：我也体验了地铁出行的方式，地铁站点已经遍布天津市各个地方，有的站点与公交站直接对接，换乘起来更加方便。

（二）了解天津的地铁发展状况

你对天津的地铁有哪些了解？

学生 1 汇报：我为大家整理了一张天津地铁一览表，方便大家出行。

地铁线	首发站	首末班车时间	终点站	首末班车时间
1 号线	刘　园	首发 6:00—末班 22:46	东沽路	首发 6:04—末班 22:31
2 号线	曹　庄	首发 6:00—末班 22:55	滨海国际机场	首发 6:00—末班 22:54
3 号线	小　淀	首发 6:00—末班 22:39	南　站	首发 6:00—末班 22:55
5 号线	中医一附院	首发 6:02—末班 22:46	北辰科技园北	首发 6:00—末班 22:35
6 号线	南孙庄	首发 6:00—末班 22:36	梅林路	首发 6:00—末班 22:43
9 号线	天津站	首发 6:00—末班 22:30	东海路	首发 6:00—末班 22:30
温馨提示：时刻表仅供参考，若有变更，请以车站时间为准。				

学生 2 汇报：我从网上阅读到这样一则消息：按照规划，天津未来将建成 28 条地铁线路。目前已经确定，到 2020 年天津将有 8 条新线路建成，加上已经运营的 1、2、3、6、9 号线和即将运营的 5 号线，形成 14 条运营线路、总长 513 公里的轨道交通网络。未来，天津的地铁更是四通八达，通向天津各个地方。

（三）学会使用打车软件

你会使用打车软件了吗？

学生 1 汇报：我在家还教奶奶使用打车软件呢。首先下载一个打车软件的 APP，绑定银行卡，输入"上车地点"，再输入"目的地"，接着点击"呼叫专车"。约到车之后，可以给司机叔叔打电话，确定一下上车地点。每次和奶奶出门，都是我使用打车软件叫车。

学生 2 汇报：我也会使用打车软件，早晨起床后，我先预约一辆车，半小时后，洗漱完毕了，我们出门，车已经在外面等候我们了。

学生 3 汇报：有一次，我和爸爸妈妈凌晨 3 点多下的飞机，地铁没有了，所以我爸爸使用打车软件叫车，没想到，五分钟内就约到了车，真是方便啊！

温馨提示：走进 21 世纪，时代已经发生了翻天覆地的变化，高科技已经走进了我们的日常生活。运用这些高科技，让我们的生活变得更加多彩。

（四）快乐骑行共享单车

当我们走出小区，就会看到许多共享单车在等候我们呢！骑共享单车，享受绿色出行。讲一讲你骑共享单车的经历吧！

学生 1 汇报：夏日的晚上，我和爸爸妈妈骑共享单车，围着中环线骑行，享受着夏日里的微风，感受着天津美丽的夜景，这是我很难忘的骑行经历。

学生 2 汇报：有时出门，出了地铁站，离目的地还有一段距离，我和妈妈骑上共享单车，感觉非常方便。

学生 3 汇报：共享单车，方便了我们的出行，而且我买了月卡，价格上也很实惠。

温馨提示：按照我国《道路交通安全法实施条例》的规定，驾驶自行车、三轮车必须年满 12 周岁；驾驶电动自行车和残疾人机动轮椅车必须年满 16 周岁。

（五）火车出行的特别经历

火车出行，更有一番滋味。一路出行，领略一路别样的风景。你有哪些难忘的火车旅行经历呢？

学生 1 汇报：在暑假的时候，我和爸爸乘坐了 Z114 列车，它从哈尔滨西发往海口，这是一辆由冬天开往夏天的列车，一条线路串起了中国的两极。我们从天津上车，一路南下，领略了祖国的风光。

学生 2 汇报：暑假的时候，爸爸带我去北京，每次去，我们都乘坐城际列车，半小时左右从一座城市到达了另一座城市。北京市的博物馆，我们已经参观了十多家了。

学生 3 汇报：放暑假的时候，我们全家去上海迪士尼乐园游玩。我们乘坐了 D321 次列车，始发站为北京南站。列车 22:21 从天津西站驶出，途经南京、苏州等地，9:09 到达上海站。"躺"在高铁上去上海，可以说是说"躺"就"躺"的旅行。

温馨提示：乘坐火车去旅游，享受"慢"生活，别忘了带上一本书——走遍天下书为侣，享受生活的轻松与惬意。

四、教后反思

体验城市的交通，重在鼓励学生在生活中体验，体验买地铁票、火车票的经历，尝试阅读火车票，学会使用打车软件……这都是在引领学生提升独立生活的能力。

课堂上，我们分享了如何阅读火车票。这是远远不够的，还需要学生在生活中去验证。比如，在生活中，学生要提前一些时间到火车站取票，因为可能会遇到排长队的现象；进入火车站会安检，这也是需要占用一定时间的；安检过后，还要验票核对身份信息，一定要牢记，乘火车，不仅要带票，还要带户口本或身份证；检票后，还要走到站台，这也是需要花费时间的。学生在实践中体验了这些，才会提升独立生活的能力。

而这些，都是课堂上、试卷上所学习不到的内容。生活即教育，学生的教育要与生活紧密相连，这样的教育过程才更凸显实用性。

与道德模范同行

一、活动背景

我所在的中营小学始终把学雷锋活动作为学校的光荣传统。近半个世纪以来，雷锋精神就像一盏指路明灯，带领师生走向辉煌的明天。

和学生一起了解雷锋，走近雷锋，追寻当代雷锋——全国道德模范，学习身边的雷锋，自己争做雷锋，将雷锋精神内化于心，外化于行。

二、活动目标

1. 认知目标：了解我们的学校几十年来开展学雷锋活动的历程。正确认识雷锋精神的内涵。

2. 能力目标：从身边的小事谈起，领悟到新的世纪里，我们仍需要雷锋精神，真切地感受到雷锋精神是永恒的。

3. 情感目标：激发学生人人争当小雷锋的热情，养成学习、生活中一个又一个好习惯。

三、活动过程

第一阶段　准备阶段

（一）深情回顾

1. 亲爱的同学们，你们知道吗，我们中营小学始终把学雷锋活动作为学校的光荣传统，到如今已经几十年了。

2. 让我们一起回顾我校开展学雷锋活动的历程吧！（播放视频）

1963 年 3 月 5 日，毛泽东主席向全国人民发出了"向雷锋同志学习"的号召，从那时起，雷锋精神的种子深深地扎根在中营小学师生的心中。

上个世纪六十年代至七十年代，同学们聆听校外辅导员讲雷锋的故事，学唱革命歌曲，争做雷锋式的"红领巾"。同学们还与沈阳军区雷锋班开展了通信活动，收到雷锋班叔叔的回信，成了同学们最高兴的事情。

八十年代至九十年代，人人争做雷锋式的好少年。雷锋连指导员欧阳华初来学校做学雷锋报告，雷锋班副班长李有宝参加了"学雷锋、比进步、争做好少年"的主题校会。

九十年代至 2000 年，师生"同走雷锋路、共同做传人"。雷锋班班长朱华与全校师生参加了升国旗仪式，还给同学们带来了新书。雷锋扮演者董金堂与同学们在一起交流学雷锋体会，学校还召开了"雷锋的传人是我们"的主题校会。

2000 年至 2006 年，中营小学的师生踏上了新的征程，雷锋团副政委孙晓明同志参加了"雷锋叔叔伴我成长"的主题校会，雷锋班副班长韩学良为学生书写下了一句句赠言，激励同学们"向雷锋叔叔学习，做文明小学生"。

走进 2007 年，学雷锋之路又在中营小学师生的脚下不断延伸。2007 年的 3 月 5 日，京城活雷锋孙茂芳、雷锋团政治处副主任周道海参加了学校升旗仪式，并观看校史展。雷锋班副班长黄帮维成为了同学们的校外辅导员。

难忘 1994 年、1997 年、2004 年、2009 年，学校师生四次赴沈阳军区雷锋班，开展了"我们是雷锋班预备役小战士"主题夏令营活动。雷锋班留下了中营小学师生的足迹。

近半个世纪以来，雷锋精神就像一盏指路明灯，带领师生走向辉煌的明天。

（二）确定主题

1.雷锋叔叔的一生没有惊天动地的事迹，他所做的事情我们随处可见，我们每一个人都可以做到。向雷锋叔叔学习，就要从身边的小事做起。未来的日子，我们一起走近永恒的雷锋——与道德模范同行。

2. 问卷小调查。

晚饭后，饭碗里有没有剩下米粒			
爸爸的饭碗	剩____粒米粒	妈妈的饭碗	剩____粒米粒
自己的饭碗	剩____粒米粒	____的饭碗	剩____粒米粒
____的饭碗	剩____粒米粒	____的饭碗	剩____粒米粒
____的饭碗	剩____粒米粒	____的饭碗	剩____粒米粒

第二阶段　实施阶段

（一）永恒的雷锋精神

1. 你看，这是一粒米。它能做些什么呢？昨天布置了一项特别观察，吃过晚饭后，你的饭碗里，你家人的饭碗里，有没有剩下米粒？

2. 我们读了雷锋的故事，读了雷锋日记，背诵了雷锋的格言，你静下心来，想一想：雷锋叔叔吃过饭后，饭碗里会剩下米粒吗？要说出你的根据。

3. 雷锋叔叔生活在艰苦的年代，那时候，人们的生活很困难。可我们现在生活富裕了，过上了小康的生活，还需要在乎一粒小小的米粒吗？可不可以浪费呢？

不必急于回答，我们一起做几道数学题。

4. 假如全国人民每人（按 14 亿人口计算）每天节约 1 粒米，一天就会节约 14 亿粒米呀，一粒米是 0.02 克，那 14 亿粒米，约 28000000 克，约合 28 吨，如果按每吨大米 3000 元计算，全国人民节约的 1 粒米折合成人民币共计 84000 元。

5. 注视着一个个震撼心灵的数字，你最想说些什么？

6. 生活中，我们仅仅要做到节约一粒米吗？我们还要节约什么？怎样进行节约？

7. 是啊，新世纪了，我们仍然要以艰苦奋斗为荣，养成艰苦朴素、勤俭节约的好习惯，因为它是永恒的。读了雷锋的故事，你说说，还有什么也是永恒的？

8. 雷锋叔叔的精神是永恒的，雷锋永远是我们学习的榜样。

（二）雷锋就是你我

1. 是啊，雷锋是我们共同的名字。徐伟叔叔就是千千万万个雷锋中的杰出代表。让我们走近徐伟叔叔。

2. 天津工业大学硕士研究生徐伟叔叔被评选为全国道德模范，同学们阅读报纸，上网搜集资料，了解、学习了徐伟叔叔的事迹，还把自己的心灵米花记录了下来，并寄给了徐伟叔叔。

3. 有的同学在信中这样写道：

每当我捧起《雷锋日记》时，眼前便出现了您的身影。我们忘不了您在大学的学习生活中，刻苦钻研，勇于创新，连续两年获得学校一等奖学金；我们忘不了您每天的生活是那样的有规律，按时起床，早早地来到教室，认真听讲，不放过老师说的每一句话；我们忘不了您每天回到宿舍，第一件事情就是要看一下暖瓶里有没有开水，如果没有，就把暖瓶打满水；我们忘不了，他人需要帮助时，您挺身而出，给予他人无私的帮助。

4. 我们班四名同学采访了全国道德模范徐伟叔叔，让他们和我们一起分享心中的体会。

5. 徐伟叔叔是我们身边的雷锋，而在我们班里也涌现了一位位小雷锋。他们是谁，他们做了些什么？让我们一起来分享集体中、校园里让我们感动的人和事。

第三阶段　展示阶段

（一）雷锋永恒

1. 我们向雷锋叔叔学习，养成了一个又一个好习惯。我们学习雷锋叔叔的事迹，也像雷锋叔叔那样生活。此时此刻，你读懂了哪个字？哪个字深深地刻在了你的心里？

学生1：雷锋叔叔教我读懂了"朴"字。雷锋叔叔说："在工作上，要向积极性最高的同志看齐，在生活上，要向水平最低的同志看齐。"我说："我也要学习雷锋叔叔艰苦朴素的生活作风，以艰苦奋斗为荣。在学习上，要和学习最好的同学比一比，看谁学得更好。在生活上，要和水平最低的同学比一比，看谁更节约。"

学生2：我读懂了一个"严"字。雷锋叔叔说："我要严格遵守纪律、国家法律、法令及部队各种条例、条令，尊重首长，热爱同志，搞好团结，做个遵守纪律的模范。"我说："选举小队长时，我落选了，我知道这是由于我纪律上还没有做好。从那以后，我严格遵守纪律，好几次还得到了表扬。"

学生3：我读懂了一个"挤"字。雷锋叔叔说："我们在学习上，也要提倡这种'钉子'精神，善于挤和善于钻。"我说："我也要学习雷锋叔叔的钉子精神，每天睡觉前，我都会阅读一篇小文章，每当遇到不认识的字和不理解的词，我就去请教无声的老师——字典。"

学生4：雷锋叔叔教我读懂了"众"字。雷锋叔叔说："一朵鲜花打扮不出美丽的春天，一个人先进总是单枪匹马，众人先进才能移山填海。"我说："雷锋叔叔，您告诉了我们一个道理，一个人的力量是很渺小的，但是很多人的力量汇聚在一起，就是巨大的。在学习上也一样，一个人总会碰到不会的问题，但是许多同学在一起研究，这些问题就迎刃而解了。"

学生5：雷锋叔叔教我读懂了"傻"字。雷锋叔叔说："我是甘心愿意做人民的'傻子'，我只长了一个心眼，我一心向着党，向着社会主义，向着共产主义。"我说："雷锋叔叔，我也要向您学习，甘心地为集体服务，为同学服务。从开学到现在，每天中午帮助老师给大家分饭，尽管自己吃饭时比别人晚，但是我很快乐。"

2. 沉淀在我心中的是个"人"，大写的"人"字。他是一个热爱祖国的人，服务人民的人，崇尚科学的人，辛勤劳动的人，团结互助的人，诚实守信的人，遵纪守法的人，艰苦奋斗的人，他是一个了不起的中国人。同学们，让我们像雷锋叔叔那样，做一个了不起的中国人。

（二）活动延伸

实践活动结束了，但开展学雷锋的活动并没有结束，希望大家能把自己心灵深处的米花书写下来，寄给沈阳军区雷锋班的叔叔们。

四、教后反思

和学生一起回顾中营小学半个世纪以来开展学雷锋活动的光荣历史，了解学校的光荣传统，亲身感受代代中营人追寻雷锋的足迹，发扬雷锋的精神，阅读"永恒"的丰富内涵。

选取学生身边的一件小事——饭碗里剩下的米粒，让学生思考：雷锋叔叔吃过饭后，饭碗里会剩下米粒吗？引导学生进行对比，将自己的行为与雷锋叔叔的行为进行对比，学生有了初步的感受；而后，进行时代对比，通过具体的、触目惊心的数字，让学生产生强烈的感受，获得启示。

雷锋同志是全国人民学习的榜样，他是道德楷模、生活楷模。而徐伟，正是在雷锋精神的感染下成长起来的新世纪的道德模范，让学生走近全国道德模范徐伟，正是引领学生走近新世纪"雷锋"，感受新世纪大学生身上所具有的独特的人格魅力。在新世纪里，"雷锋"是你，是我，是他。让我就是"雷锋"的思想在学生心中扎下根。

鼓励学生将自己的情感融入到一个汉字中，分享学生的情感体验，这强烈的情感也必将相互感染。解读一个"人"字，留给学生的是深深的思考：做一个怎样的中国人？像雷锋叔叔那样，做一个了不起的中国人。

一起参观纪念馆

一、活动背景

很多时候，我们鼓励学生走进书的世界。其实，我们常常忽视了引领学生走进活的"书"。所谓活的"书"，就是一座座纪念馆。

纪念馆是为纪念有卓越贡献的人或重大历史事件而建立的纪念地，通过声、光、电、图、实物等多个方面来表现其精神。纪念馆不像教科书一样深奥枯燥，而是像一本有意义的故事书，让每一位参观的人能看、能问、能动手。

因此，鼓励班上的学生走进纪念馆，也可以登录网上纪念馆。这不仅让学生在实践活动中获得了知识，也开拓了学生的视野。让参观纪念馆成为学生学习的一种方式！

二、活动目标

1. 认知目标：翻开《周恩来邓颖超纪念馆：周恩来、邓颖超的故事》这本书，阅读伟人周恩来、邓颖超的故事。走进纪念馆，引领学生去看，去听，去想，了解伟人的一生。

2. 能力目标：学习浏览网上纪念馆，浏览各个展厅内容，浏览后，尝试在网站上留下自己的参观随想。

3. 情感目标：通过这次实践活动，激发学生对伟人的热爱，像伟人那样树立远大理想，努力做一名了不起的中国人。

三、活动过程

第一阶段　准备阶段

（一）确定主题

1.很高兴和大家分享一个故事。请你认真地听一听。

同学们，记得在一天的修身课上，一位校长向同学们提出一个问题："请问诸生为什么而读书？"同学们踊跃回答。有的说："为明理而读书。"有的说："为做官而读书。"也有的说："为挣钱而读书。""为吃饭而读书。"

唯独有一位同学站起身，清晰而坚定地回答道："为中华之崛起而读书。"若干年以后，他成为了中华人民共和国第一任总理。他就是——周恩来。

2."天津是我的第二故乡"——这是周总理生前留给海河儿女的深情话语。周总理的故乡虽然不在天津，但天津这座城市却被他时时刻刻记挂在心头。这里是他学业有成、事业起步及家业有望的起点，这里留下了开国总理的很多光辉足迹。

（二）自主讨论

1.为此，我们开展"寻找总理的足迹"的活动。以小组为单位，思考：我们可以到哪里寻找总理的足迹？

2.小组派代表进行汇报。

序　号	纪念馆	地　址	网　址
1	南开中学周恩来中学时代纪念馆	天津市南开区四马路 22 号	—
2	觉悟社纪念馆	天津河北区宙纬路三戒里 49 号	http://www.juewushe.cn/home.aspx
3	周恩来邓颖超纪念馆	天津市南开区水上公园西路 9 号	http://www.mzhoudeng.com/home.aspx

（三）确定内容

1. 同学们，在未来的三个星期里，我们将开展"寻找总理的足迹"的实践活动。活动内容是"三个一"，分别是"共读一本故事书""参观一处纪念馆""登录一个网上纪念馆"。

2. 同学们可以自由组合，组成三个特别实践小队，分别走进"南开中学周恩来中学时代纪念馆""觉悟社""周恩来邓颖超纪念馆"。

第二阶段　实施阶段

（一）共读一本故事书

走进纪念馆前，请大家共读一本书，这本书的书名很特别——《周恩来邓颖超纪念馆：周恩来、邓颖超的故事》。当你读完了这本书，可以为周恩来、邓颖超两位伟人分别制作一张名片。

（二）参观一处纪念馆

1. 携带身份证或者户口本，在纪念馆入口处，领取一张门票。

2. 免费领取一份参观手册。带着参观手册，走进展厅吧。

3. 一边参观，一边做好参观记录。

参观一处纪念馆			
参观时间		馆　名	
参观人员			
参观记录	读		
	听		

参观一处纪念馆		
参观记录	随手记	
	随手拍	

（三）登录一个网上纪念馆

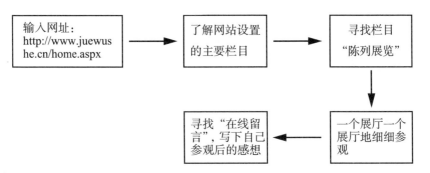

一边浏览一边把你感兴趣的内容记录下来。

第三阶段　展示阶段

（一）分享周恩来总理语录

（1）为中华之崛起而读书。

（2）愿相会于中华腾飞世界时。

（3）我们爱我们的民族，这是我们自信心的泉源。

（4）克勤克俭是我国人民的优良传统。

（二）分享印象深刻的内容

周爷爷、邓奶奶要求家人是多么的严格！生活中的一点一滴都不放松。

周恩来、邓颖超家规（节录）：

一、晚辈不能丢下工作专程进京看望；

二、外地亲属进京看望，一律住国务院招待所，住宿费我们支付；

三、一律到国务院机关食堂排队就餐，有工作的自付伙食费，没工作的我们代付；

四、看戏以家属身份购票入场，不得享用招待券；

五、不许请客送礼；

六、不许动用公车；

七、凡个人生活中自己能做的事，不要别人代劳，自我服务；

八、生活要艰苦朴素；

九、在任何场合都不能说出特有关系，不要炫耀自己；

十、不谋私利，不搞特殊化。

（三）分享参观活动的简报

四、教后反思

"一起参观纪念馆"，在这项综合实践活动中，学生走近了两位伟大的人物——周恩来和邓颖超。整个活动过程中，阅读始终伴随着学生。学生阅读《周恩来邓颖超纪念馆：周恩来、邓颖超的故事》，从书中阅读到了伟人的故事、格言……学生从这鲜活的内容中汲取了力量，向上的力量。走进纪念馆，或是登录纪念馆网站，阅读展览中那一张张震撼人心的照片，聆听讲解员那一句句铿锵有力的话语，再一次让学生的心灵受到了洗礼，"为中华之腾飞而读书"的理想在心中悄然萌生。纪念馆，可谓是学生树立理想的泉源。

班级创意综合实践活动，可由纪念馆向博物馆延伸。它们承载了人类文化发展、社会文明、科技进步、自然认知的一系列成果与结晶，让我们认识过去，展望未来。走进博物馆，学生获取知识，开阔视野，感受中华文化的源远流长，激发学生作为一名中国人的骄傲与自豪。课余时间，鼓励学生在家长的陪伴下，走进博物馆：故宫博物院、湖北省博物馆、河南博物馆、陕西历史博物馆、辽宁省博物馆、湖南省博物馆、上海博物馆、浙江省博物馆、南京博物院……

博物馆，是学生学习的最好场所。学习，正在博物馆里悄然发生。

制作游学小手册

一、活动背景

游学精神溯源于孔子，孔子周游列国的治学精神是现代游学的始源。游学，是一个"行万里路，读万卷书"的过程。学生在游学期间，学习并体验当地习俗，感受地域特有的文化，参观游览城市风光和著名景点，真正做到学和游的结合。

二、活动目标

1. 认知目标：在阅读中，获取知识。在小组学习中，学会制订出行计划，学习绘制游学手册。

2. 能力目标：培育学生搜集信息、处理信息的能力，提升学生的反思品质，提高学生的设计能力。

3. 情感目标：在游学过程中，引领学生感受自然的神奇与壮丽，培育学生对生活的无限热爱之情。

三、活动过程

第一阶段　准备阶段

（一）确定主题

1. 马上到暑假了，你有什么暑期打算吗？

2. 很多同学，选择了和家人一起出行旅游，也许旅行的意义并不在于你在沿途中看了多少风景，也不在于你是否到达了预期的目的地，而是在于你旅行中的那种心境的变化和丰富的经历。

3. 未来的一段时间里，让我们一起做出游前的准备，期待一段美好旅程的开启。

（二）小组合作

1. 你想去哪座城市，或者是去哪个国家游学？

2. 同学之间，有共同志趣的，可以自由组合。你们一起设计游学计划，一起制作游学手册。

第二阶段　实施阶段

（一）制订出行计划

1. 小组成员分享各自搜集的资料，在小组长的带领下，分组制订出行计划。给每个小组一张游学计划单，当然，鼓励小组成员制订出有创意的出游计划。

游学计划			
游学时间		游学目的地	
游学人员		游学天数	
游学地点（景点）			
图片展示			
游学行程			

2. 请小组派代表进行分享。

（二）分享出行计划——台湾游学小组

环岛游台湾

欣赏美景

绮丽的风光为你的台湾之旅增添了一种美妙的体验。

体验人文

最让人难以忘怀的，还是那浓浓的人文气息。

（三）分享出行计划——厦门游学小组

（四）游学手册制作方法

1.为了更好地绘制我们的游学手册，在游学过程中，要做好哪些准备呢?

2.学生分享。

3.教师小结：在游学过程中，要收集好飞机票、地铁票、门票，以及各种面值的硬币；多拍摄照片；记录下游学过程中的趣闻；了解当地习俗；品味特有美食；撰写游学日记……这些丰富的素材，都是绘制游学手册的好素材。

第三阶段　展示阶段

（一）分享游学手册

1.小组成员，组内分享自己制作的游学手册。

2.各小组选派一名同学，到讲台上分享游学手册。

3.学生展示。

斯里兰卡接近赤道，终年如夏，是个热带岛国。因为形如水滴，被称为印度洋的眼泪和印度洋上的珍珠，那滴着似忧伤的眼泪，在印度洋上迎着朝阳发射光芒，开朗看，变成一颗闪闪发亮的珍珠。斯里兰卡这个国家很小，大约只有我国台湾的2倍大小，那些地是印度洋上的一滴眼泪，是不为过的。而就是这滴眼泪，滴在我的心上，在我的人生记忆中就再也挥之不去。

2017年寒假我有幸来到斯里兰卡，开启我的奇妙之旅。

出发咯！！！

行程第二天：大象孤儿院，狮子岩

大象孤儿院由斯里兰卡野生动物局于1975年建造，主要收养那些无家可归、掉入深坑或局队、脱离象群，尤其是身受重伤或身患疾病的幼象。在"孤儿院"里，游人可以自由地给大象喂食，与这些憨然大物进行"零距离接触"，现在大象孤儿院已经成为游客必去的著名景点，抓住看点就是可以看到成群结队的大象狂奔到河边洗澡。

狮子岩是一座用了18年时间建造在橘红色巨岩上的空中宫殿，被誉为世界第八大奇迹。是斯里兰卡"文化金三角"的顶点，也是联合国教科文组织保护的世界级珍贵遗产，最初巨岩被修建得如同一头巨大的狮子模样，如今只剩下狮身，狮头显已风化坍塌。

行程第三天：佛牙寺。
空气太好了，大家看图来感受下。

行程第四天：河流探险，茶园采摘

行程第五天：徒步菲顿平原，参观奶牛工厂

霍顿平原是一个美丽、安静、奇特的地方，它在斯里兰卡的第二高峰与第三高峰的山脚下，被原始草甸覆盖，野生动物的种类多样，非常适合徒步旅行，早上在路上有幸看到了日出和云海。太壮观了。

（二）分享游学趣闻

在游学过程中，一定出现了很多有意思的事情，能和大家分享一下吗？

学生 1 分享：在重庆旅游时，乘坐 2 号线轻轨，不用去游乐园就可体验上坡下坡、穿楼而过、90 度转弯等"项目"，让人惊心动魄。每当经过这些地方，就感觉好似在坐游乐场的过山车。

学生 2 分享：在趵突泉公园，欣赏到了济南三大名胜之一的趵突泉。记得 1400 多年前，北魏郦道元所写的著名地理学著作《水经注》中写到趵突泉："泉涌三窟，突起雪涛数尺，声如隐雷。"早在 3500 多年前，就有文字记载了趵突泉，当时人们称趵突泉为泺。可以说，这趵突泉至少这样冒了将近 4000 年。最有意思的是，在趵突泉公园里，喝到了泉水大碗茶，才 2 元一碗。泉水茶，甘甜，好像喝下的不是泉水，而是上天赐予的琼浆。

班主任分享：读万卷书，行万里路。行万里路跟读书是互补的，读书是静态的，行路是动态的，书中知识有限，只有行路眼观耳识才能补其不足。李时珍、徐霞客、达尔文、哥伦布都是靠"行路"写出了宏伟巨著或取得重大发现。可见，"行万里路"较"读万卷书"要重要得多。

四、教后反思

每到寒暑假，家长带领学生去游学，走入风景名胜，熏陶人文。旅游归来，鼓励学生制作一份游学手册，激发了他们自由体验、自由活动、自由学习的积极性。

"读万卷书，行万里路"，"读书"是学习，"行路"也是学习，是在实践中学习。人类进化是从行路开始的。从树上到了地面，首先学会的是行走。行走的目的是为了获得更多的食物，为了寻找安全的栖息地，同时也开阔了眼界，学到了很多有用的知识。大禹是在随父治水中悟到了"宜疏不宜堵"的治洪原理。孔子非常重视实践在学习中的作用，并通过周游列国治国安邦来印证所学。

"天地阅览室，万物皆书卷"，让学生走进多彩城市，就犹如走进了一座"阅览室"，读"天"，读"地"，读"花"，读"草"……这能提高学生的社会实践能力，培养学生热爱生活的美好情感。